Couvertures supérieure et inférieure manquantes

CONSTITUTION

DE LA

COMPAGNIE UNIVERSELLE DU CANAL MARITIME DE SUEZ

PIÈCES

ET

DOCUMENTS OFFICIELS

PREMIER ACTE DE CONCESSION

DE S. A. MOHAMMED-SAID, VICE-ROI D'ÉGYPTE.

Notre ami M. Ferdinand de Lesseps ayant appelé notre attention sur les avantages qui résulteraient pour l'Égypte de la jonction de la mer Méditerranée et de la Mer Rouge par une voie navigable pour les grands navires, et nous ayant fait connaître la possibilité de constituer, à cet effet, une Compagnie formée de capitalistes de toutes les nations, nous avons accueilli les combinaisons qu'il nous a soumises, et lui avons donné, par ces présentes, pouvoir exclusif de constituer et de diriger une Compagnie universelle pour le percement de l'Isthme de Suez et l'exploitation d'un canal entre les deux mers, avec faculté d'entreprendre ou de faire entreprendre tous travaux et constructions, à la charge par la Compagnie de donner préalablement toute indemnité aux particuliers en cas d'expropriation pour cause d'utilité publique ; le tout dans les limites et avec les conditions et charges déterminées dans les articles qui suivent.

ARTICLE Ier. — M. Ferdinand de Lesseps constituera une Compagnie dont nous lui confions la direction, sous le nom de *Compagnie universelle du Canal maritime de Suez*, pour le percement de l'Isthme de Suez, l'exploitation d'un passage propre à la grande navigation, la fondation ou l'appropriation de deux entrées suffisantes, l'une sur la Méditerranée, l'autre sur la mer Rouge, et l'établissement d'un ou de deux ports.

ART. 2. — Le Directeur de la compagnie sera toujours nommé par le Gouvernement égyptien, et choisi, autant que possible, parmi les actionnaires les plus intéressés dans l'entreprise.

ART. 3. — La durée de la concession est de quatre-vingt-dix-neuf ans, à partir de l'ouverture du Canal des Deux-Mers.

ART. 4. — Les travaux seront exécutés aux frais exclusifs de la Compagnie, à laquelle tous les terrains nécessaires n'appartenant pas à des particuliers seront concédés à titre gratuit. Les fortifications que le Gouvernement jugera à propos d'établir ne seront point à la charge de la Compagnie.

ART. 5. — Le Gouvernement égyptien recevra annuellement de la Compagnie 15 0/0 des bénéfices nets résultant du bilan de la Société, sans préjudice des intérêts et dividendes revenant aux actions qu'il se réserve de prendre pour son compte lors de leur émission et sans aucune garantie de sa part dans l'exécution des travaux ni dans les opérations de la Compagnie. Le reste des bénéfices nets sera réparti ainsi qu'il suit :

75 0/0 au profit de la Compagnie,

10 0/0 au profit des membres fondateurs.

Art. 6. — Les tarifs des droits de passage du Canal de Suez, concertés entre la Compagnie et le Vice-Roi d'Égypte et perçus par les agents de la Compagnie, seront toujours égaux pour toutes les nations, aucun avantage particulier ne pouvant jamais être signalé au profit exclusif d'aucune d'elles.

Art. 7. — Dans le cas où la Compagnie jugerait nécessaire de rattacher par une voie navigable le Nil au passage direct de l'isthme, et dans celui où le Canal maritime suivrait un tracé indirect desservi par l'eau du Nil, le Gouvernement égyptien abandonnerait à la Compagnie les terrains du domaine public aujourd'hui incultes qui seraient arrosés et cultivés à ses frais ou par ses soins.

La Compagnie jouira, sans impôts, desdits terrains pendant dix ans, à partir du jour de l'ouverture du Canal ; durant les quatre-vingt-neuf ans qui resteront à s'écouler jusqu'à l'expiration de la concession, elle paiera la dîme au Gouvernement égyptien ; après quoi, elle ne pourra continuer à jouir des terrains ci-dessus mentionnés qu'autant qu'elle paiera audit Gouvernement un impôt égal à celui qui sera affecté aux terrains de même nature.

Art. 8. — Pour éviter toute difficulté au sujet

des terrains qui seront abandonnés à la Compagnie concessionnaire, un plan dressé par M. Linant-Bey, notre commissaire ingénieur auprès de la Compagnie, indiquera les terrains concédés, tant pour la traversée et les établissements du Canal maritime et du canal d'alimentation dérivé du Nil, que pour les exploitations de culture, conformément aux stipulations de l'article 7.

Il est en outre entendu que toute spéculation est, dès à présent, interdite sur les terrains du domaine public à concéder, et que les terrains appartenant antérieurement à des particuliers, et que les propriétaires voudront plus tard faire arroser par les eaux du canal d'alimentation exécuté aux frais de la Compagnie, paieront une redevance de..... par feddan cultivé (1), ou une redevance fixée amiablement entre le Gouvernement égyptien et la Compagnie.

Art. 9. — Il est enfin accordé à la Compagnie concessionnaire la faculté d'extraire des mines et carrières appartenant au domaine public, sans payer de droits, tous les matériaux nécessaires aux travaux du Canal et aux constructions qui en dépendront, de même qu'elle jouira de la libre entrée de toutes les machines et matériaux qu'elle fera venir de l'étranger pour l'exploitation de sa concession.

Art. 10. — A l'expiration de la concession, le Gouvernement égyptien sera substitué à la Compa-

(1) Le feddan égyptien correspond à peu près à un demi-hectare.

gnie, jouira sans réserve de tous ses droits et entrera en pleine possession du Canal des Deux Mers et de tous les établissements qui en dépendront. Un arrangement amiable ou par arbitrage déterminera l'indemnité à allouer à la Compagnie pour l'abandon de son matériel et des objets mobiliers.

Art. 11. — Les statuts de la Société nous seront ultérieurement soumis par le directeur de la Compagnie et devront être revêtus de notre approbation. Les modifications qui pourraient être introduites plus tard devront préalablement recevoir notre sanction. Lesdits statuts mentionneront les noms des fondateurs dont nous nous réservons d'approuver la liste. Cette liste comprendra les personnes dont les travaux, les études, les soins ou les capitaux auront antérieurement contribué à l'exécution de la grande entreprise du Canal de Suez.

Art. 12. — Nous promettons enfin notre bon et loyal concours et celui de tous les fonctionnaires de l'Égypte pour faciliter l'exécution et l'exploitation des présents pouvoirs.

Caire, le 30 novembre 1854.

A mon dévoué ami, de haute naissance et de rang élevé, M. Ferdinand de Lesseps.

La concession accordée à la Compagnie universelle du Canal maritime de Suez devant être ratifiée par S. M. I. le Sultan, je vous remets cette copie pour que vous la conserviez par devers vous. Quant aux travaux relatifs au creusement du Canal de Suez, ils ne seront commencés qu'après l'autorisation de la Sublime-Porte.

Le 3 ramadan 1271.

[O] *Cachet du Vice-Roi.*

Pour traduction conforme au texte turc :

Le Secrétaire des commandements de S. A. le Vice-Roi.

Signé : KOENIG-BEY.

Alexandrie, le 19 mai 1855.

DEUXIÈME ACTE DE CONCESSION

Et Cahier des charges pour la construction et l'exploitation du Canal maritime de Suez et dépendances.

Nous, Mohammed-Saïd-Pacha, Vice-Roi d'Egypte,

Vu notre acte de concession, en date du 30 novembre 1854, par lequel nous avons donné à notre ami M. Ferdinand de Lesseps pouvoir exclusif à l'effet de constituer et diriger une *Compagnie universelle* pour le percement de l'isthme de Suez, l'exploitation d'un passage propre à la grande navigation, la fondation ou l'appropriation de deux entrées suffisantes, l'une sur la Méditerranée, l'autre sur la mer Rouge, et l'établissement d'un ou deux ports;

M. Ferdinand de Lesseps nous ayant représenté que, pour constituer la Compagnie sus-indiquée dans les formes et conditions généralement adoptées pour les Sociétés de cette nature, il est utile de stipuler d'avance, dans un acte plus détaillé et plus complet, d'une part, les charges, obligations et redevances auxquelles cette Société sera soumise, d'autre part, les concessions, immunités et avantages auxquels elle aura droit, ainsi que les facilités qui lui seront accordées pour son administration ;

Avons arrêté, comme suit, les conditions de la concession qui fait l'objet des présentes.

§ Ier. — Charges.

Article 1er. — La Société fondée par notre ami M. Ferdinand de Lesseps, en vertu de notre concession du 30 novembre 1854, devra exécuter à ses frais, risques et périls, tous les travaux et constructions nécessaires pour l'établissement :

1° D'un canal approprié à la grande navigation maritime, entre Suez dans la mer Rouge, et le golfe de Péluse dans la mer Méditerranée ;

2° D'un canal d'irrigation approprié à la navigation fluviale du Nil, joignant le fleuve au Canal maritime sus-mentionné ;

3° De deux branches d'irrigation et d'alimentation dérivées du précédent canal et portant leurs eaux dans les deux directions de Suez et de Péluse.

Les travaux seront conduits de manière à être terminés dans un délai de six années, sauf les empêchements et retards provenant de force majeure.

Art. 2. — La Compagnie aura la faculté d'exécuter les travaux dont elle est chargée par elle-même et en régie, ou de les faire exécuter par des entrepreneurs au moyen d'adjudications ou de marchés à forfait. Dans tous les cas, les quatre cinquièmes au moins des ouvriers employés à ces travaux seront Égyptiens.

Art. 3. — Le Canal approprié à la grande navigation maritime sera creusé à la profondeur et à la largeur fixées par le programme de la Commission scientifique internationale.

Conformément à ce programme, il prendra son origine au port même de Suez ; il empruntera le bassin des lacs Amers et le lac Timsah ; il viendra déboucher dans la Méditerranée en un point du golfe de Péluse qui sera déterminé dans les projets définitifs à dresser par les ingénieurs de la Compagnie.

Art. 4. — Le Canal d'irrigation approprié à la navigation fluviale dans les conditions dudit programme, prendra naissance à proximité de la ville du Caire, suivra la vallée (Ouadée) Toumilat (ancienne terre de Gessen), et débouchera dans le grand Canal maritime au lac Timsah.

Art. 5. — Les dérivations du Canal précédent s'en détacheront en amont du débouché dans le lac Timsah; de ce point elles seront dirigées, d'un côté sur Suez, de l'autre côté sur Péluse, parallèlement au grand Canal maritime.

Art. 6. — Le lac Timsah sera converti en un port intérieur propre à recevoir des bâtiments du plus fort tonnage.

La Compagnie sera tenue, en outre, si cela est nécessaire : 1° de construire un port d'abri à l'entrée du Canal maritime dans le golfe de Péluse; 2° d'améliorer le port et la rade de Suez de manière à ce que les navires y soient également abrités.

Art. 7. — Le Canal maritime, les ports en dépendant, ainsi que le Canal de jonction du Nil et le Canal de dérivation, seront constamment entretenus en bon état par la Compagnie et à ses frais.

Art. 8. — Les propriétaires riverains qui voudront faire arroser leurs terres au moyen de prises d'eau tirées des canaux construits par la Compagnie, pourront en obtenir d'elle la concession moyennant le paiement d'une indemnité ou d'une redevance dont le chiffre sera fixé dans les conditions de l'article 17 ci-après.

Art. 9. — Nous nous réservons de déléguer, au siége administratif de la Compagnie, un commissaire spécial dont le traitement sera payé par elle, et qui représentera, près de son Administration, les droits et les intérêts du Gouvernement égyptien pour l'exécution des dispositions du présent.

Si le siége administratif de la Société est établi ailleurs qu'en Egypte, la Compagnie sera tenue de se faire représenter à Alexandrie par un agent supérieur nanti de tous les pouvoirs nécessaires pour assurer la bonne marche du service et les rapports de la Compagnie avec notre Gouvernement.

§ 2. — Concession.

Art. 10. — Pour la construction des canaux et dépendances mentionnés dans les articles qui précèdent, le Gouvernement égyptien abandonne à la Compagnie, sans aucun impôt ni redevance, la jouissance de tous les terrains n'appartenant pas à des particuliers, qui pourront être nécessaires.

Il lui abandonne également la jouissance de tous les terrains aujourd'hui incultes n'appartenant pas à des particuliers, qui seront arrosés et mis en culture par ses soins et à ses frais, avec cette différence : 1° que les terrains compris dans cette dernière catégorie seront exempts de tout impôt pendant dix ans seulement à dater de leur mise en rapport ; 2° que, passé ce terme, ils seront soumis, pendant le reste de la concession, aux obligations et aux impôts auxquels seront assujettis, dans les mêmes circonstances, les terres des autres provinces de l'Egypte ; 3° que la Compagnie pourra ensuite, par elle-même ou par ses ayants droit, conserver la jouissance de ces terrains et des prises d'eau nécessaires à leur fertilisation, à charge de payer au Gouvernement égyptien les impôts établis sur les terres dans les mêmes conditions.

ART. 11. — Pour déterminer l'étendue et les limites des terrains concédés à la Compagnie, dans les conditions du paragraphe 1er et du paragraphe 2 de l'article qui précède, il est référé aux plans ci-annexés ; étant expliqué qu'auxdits plans les terrains concédés pour la construction des canaux et dépendances, sans impôt ni redevance, conformément au § 1er, sont teintés en noir, et que les terrains concédés pour être mis en culture en payant certains droits, conformément au § 2, sont teintés en bleu.

Sera considéré comme nul tout acte fait postérieurement à notre acte du 30 novembre 1854, qui aurait pour conséquence de créer à des particuliers, contre la Compagnie, ou des droits à indemnité qui n'existaient pas alors sur les terrains, ou des droits à indemnité plus considérables que ceux auxquels ils auraient pu prétendre à cette époque.

ART. 12.— Le Gouvernement égyptien livrera, s'il y a lieu, à la Compagnie, les terrains de propriété particulière dont la possession sera nécessaire à l'exécution des travaux et à l'exploitation de la concession, à charge par elle de payer aux ayants droit de justes indemnités.

Les indemnités d'occupation temporaire ou d'expropriation définitive seront, autant que possible, réglées amiablement ; en cas de désaccord, elles seront fixées par un tribunal arbitral procédant sommairement et composé : 1° d'un arbitre choisi par la Compagnie ; 2° d'un arbitre choisi par les intéressés ; 3° d'un tiers arbitre désigné par nous.

Les décisions du tribunal arbitral seront exécutoires immédiatement et sans appel.

Art. 13. — Le Gouvernement égyptien accorde à la Compagnie concessionnaire, pour toute la durée de la concession, la faculté d'extraire des mines et carrières appartenant au domaine public, sans payer aucun droit, impôt ni indemnité, tous les matériaux nécessaires aux travaux de construction et d'entretien des ouvrages et établissements dépendant de l'entreprise.

Il exonère, en outre, la Compagnie de tous droits de douane, d'entrée et autres, pour l'introduction en Egypte de toutes machines et matières quelconques qu'elle fera venir de l'étranger pour les besoins de ses divers services en cours de construction ou d'exploitation.

Art. 14. — Nous déclarons solennellement, pour nous et nos successeurs, sous la réserve de la ratification de S. M. I. le Sultan, le grand Canal maritime de Suez à Péluse et les ports en dépendant ouverts à toujours, comme passages neutres, à tout navire de commerce traversant d'une mer à l'autre, sans aucune distinction, exclusion ni préférence de personnes ou de nationalités, moyennant le paiement des droits et l'exécution des règlements établis par la Compagnie universelle concessionnaire pour l'usage dudit Canal et dépendances.

Art. 15. — En conséquence du principe posé dans l'article précédent, la Compagnie universelle concessionnaire ne pourra, dans aucun cas, accorder à aucun navire, compagnie ou particulier, aucuns avantages ou faveurs qui ne soient accordés à tous autres navires, compagnies ou particuliers, dans les mêmes conditions.

Art. 16. — La durée de la Société est fixée à quatre-vingt-dix-neuf années, à compter de l'achèvement des travaux et de l'ouverture du canal maritime à la grande navigation.

A l'expiration de cette période, le Gouvernement égyptien rentrera en possession du Canal maritime construit par la Compagnie, à charge par lui, dans ce cas, de reprendre tout le matériel et les approvisionnements affectés au service maritime de l'entreprise et d'en payer à la Compagnie la valeur telle qu'elle sera fixée, soit amiablement, soit à dire d'experts.

Néanmoins, si la Compagnie conservait la concession par périodes successives de quatre-vingt-dix-neuf années, le prélèvement stipulé au profit du Gouvernement égyptien par l'article 18 ci-après serait porté pour la seconde période à 20 0/0, pour la troisième période à 25 0/0, et ainsi de suite, à raison de 5 0/0 d'augmentation pour chaque période, sans que toutefois ce prélèvement puisse jamais dépasser 35 0/0 des produits nets de l'entreprise.

Art. 17. — Pour indemniser la Compagnie des dépenses de construction, d'entretien et d'exploitation qui sont mises à sa charge par les présentes, nous l'autorisons, dès à présent, et pendant toute la durée de sa jouissance, telle qu'elle est déterminée par les paragraphes 1er et 3 de l'article précédent, à établir et percevoir, pour le passage dans les canaux et les ports en dépendant, des droits de navigation, de pilotage, de remorquage, de halage ou de stationnement, suivant des tarifs qu'elle pourra modifier à toute époque, sous la condition expresse :

1° De percevoir ces droits, sans aucune exception ni faveur, sur tous les navires, dans des conditions identiques;

2° De publier les tarifs, trois mois avant la mise en vigueur, dans les capitales et les principaux ports de commerce des pays intéressés ;

3° De ne pas excéder, pour le droit spécial de navigation, le chiffre maximum de 10 francs par tonneau de capacité des navires et par tête de passager.

La Compagnie pourra également, pour toutes les prises d'eau accordées à la demande de particuliers, en vertu de l'article 8 ci-dessus, percevoir, d'après des tarifs qu'elle fixera, un droit proportionnel à la quantité d'eau absorbée et à l'étendue des terrains arrosés.

Art. 18. — Toutefois, en raison des concessions de terrains et autres avantages accordés à la Compagnie par les articles qui précèdent, nous réservons, au profit du Gouvernement égyptien, un prélèvement de 15 0/0 sur les bénéfices nets de chaque année, arrêtés et répartis par l'Assemblée générale des actionnaires.

Art. 19. — La liste des membres fondateurs qui

ont concouru, par leurs travaux, leurs études et leurs capitaux à la réalisation de l'entreprise, avant la fondation de la Société, sera arrêtée par nous.

Après le prélèvement stipulé au profit du Gouvernement égyptien par l'article 18 ci-dessus, il sera attribué, dans les produits nets annuels de l'entreprise une part de 10 0/0 aux membres fondateurs ou à leurs héritiers ou ayants cause.

Art. 20. — Indépendamment du temps nécessaire à l'exécution des travaux, notre ami et mandataire M. Ferdinand de Lesseps présidera et dirigera la Société, comme premier fondateur, pendant dix ans à partir du jour où s'ouvrira la période de jouissance de la concession de quatre-vingt-dix-neuf années aux termes de l'article ci-dessus.

Art. 21. — Sont approuvés les statuts ci-annexés de la Société créée sous la dénomination de *Compagnie universelle du Canal maritime de Suez*, la présente approbation valant autorisation de constitution, dans la forme des Sociétés anonymes, à dater du jour où le capital social sera entièrement souscrit.

Art. 22. — Comme témoignage de l'intérêt que nous attachons au succès de l'entreprise, nous promettons à la Compagnie le loyal concours du Gouvernement égyptien, et nous invitons expressément par les présentes les fonctionnaires et agents de tous les services de nos administrations à lui donner en toute circonstance aide et protection.

Nos ingénieurs, Linant-Bey et Mougel-Bey, que nous mettons à la disposition de la Compagnie pour la direction et la conduite des travaux ordonnés par elle, auront la surveillance supérieure des ouvriers et seront chargés de l'exécution des règlements qui concerneront la mise en œuvre des travaux.

Art. 23. — Sont rapportées toutes dispositions de notre ordonnance du 30 novembre 1854 et autres qui se trouveraient en opposition avec les clauses et conditions du présent cahier des charges, lequel fera seul loi pour la concession à laquelle il s'applique.

Fait à Alexandrie, le 5 janvier 1856.

A mon dévoué ami, de haute naissance et de rang élevé,
M. Ferdinand de Lesseps.

La concession accordée à *la Compagnie universelle du Canal maritime de Suez* devant être ratifiée par S. M. I. le Sultan, je vous remets cette copie authentique, afin que vous puissiez constituer ladite Compagnie financière.

Quant aux travaux relatifs au percement de l'Isthme, elle pourra les exécuter elle-même dès que l'autorisation de la Sublime-Porte m'aura été accordée.

Alexandrie, le 26 rebi-ul-akher 1272 (5 janvier 1856).

[O] *Cachet de S. A. le Vice-Roi.*

Pour traduction conforme à l'original en langue turque déposé aux archives du cabinet,

Le Secrétaire des commandements de S. A. le Vice-Roi,

Signé : Kœnig-Bey.

STATUTS

DE LA

COMPAGNIE UNIVERSELLE DU CANAL MARITIME DE SUEZ

TITRE PREMIER.

FORMATION ET OBJET DE LA SOCIÉTÉ. — DÉNOMINATION. SIÉGE. — DURÉE.

ARTICLE PREMIER. Il est formé, entre les souscripteurs et propriétaires des actions créées ci-après, une société anonyme sous la dénomination de *Compagnie universelle du Canal maritime de Suez.*

ART. 2. — Cette Société a pour objet :

1° La construction d'un canal maritime de grande navigation entre la mer Rouge et la Méditerranée, de Suez au golfe de Péluse ;

2° La construction d'un canal de navigation fluviale et d'irrigation joignant le Nil au Canal maritime, du Caire au lac Timsah (1) ;

3° La construction de deux canaux de dérivation, se détachant du précédent en amont de son débouché dans le lac Timsah, et amenant ses eaux dans les deux directions de Suez et de Péluse ;

---

(1) Ce paragraphe, déjà modifié par la convention du 18 mars 1863, est devenu nul, ainsi que les paragraphes 3°, 4° et 5° du même article, par suite des conventions conclues, entre le Vice-Roi et la Compagnie, les 30 janvier et 22 février 1866, conventions approuvées par l'Assemblée générale du 1er août de la même année.

4° L'exploitation desdits canaux et des entreprises diverses qui s'y rattachent;

5° Et l'exploitation des terrains concédés.

Le tout aux clauses et conditions de la concession telle qu'elle résulte des actes de S. A. le Vice-Roi d'Égypte, en date du 30 novembre 1854 et du 5 janvier 1856 : le premier donnant pouvoir spécial et exclusif à M. de Lesseps de constituer et diriger, comme fondateur-président, une Société en vue de ces entreprises; le second portant concession desdits canaux et de leurs dépendances à cette Société, avec toutes les charges et obligations, tous les droits et avantages qui y sont attachés par le Gouvernement Égyptien.

Art. 3. — La Société a son siége à Alexandrie et son domicile administratif à Paris.

Art. 4. — La Société commence à dater du jour de la signature de l'acte social, portant souscription de la totalité des actions. Sa durée est égale à la durée de la concession.

Art. 5. — Les comptes des dépenses faites antérieurement à la constitution de la Société, soit par le Vice-Roi d'Égypte, soit par M. Ferdinand de Lesseps agissant en vertu des pouvoirs dont il était investi pour arriver à la réalisation de l'entreprise, seront réglés par le Conseil d'administration, qui en autorisera le remboursement à qui de droit.

TITRE II.

FONDS SOCIAL. — ACTIONS. — VERSEMENTS.

Art. 6. — Le fonds social est fixé à *deux cents millions de francs*, représentés par *quatre cent mille actions*, à raison de cinq cents francs chacune.

Art. 7. — Les titres d'actions et d'obligations, dont le Conseil d'administration détermine la forme et le modèle, sont libellés en langue turque, allemande, anglaise, française et italienne.

Art. 8. — Le montant de chaque action est payable en espèces, dans la caisse sociale ou chez les représentants de la Compagnie à Alexandrie, Amsterdam, Constantinople, Londres, New-York, Paris, Saint-Pétersbourg, Vienne, Gênes, Barcelone, et autres villes qui seraient désignées par le Conseil d'administration, au cours du change, soit sur Paris, soit sur Alexandrie, au choix de la Compagnie.

Art. 9. — Les versements s'opèrent conformément aux appels faits par le Conseil au moyen d'annonces publiées deux mois à l'avance par l'insertion dans deux journaux, et, à défaut de journaux, par l'affichage à la bourse, dans les villes désignées à l'article 8 ci-dessus.

Art. 10. — Si le Conseil juge qu'il n'y a pas lieu d'appeler, au moment de la souscription, le versement immédiat de la partie de capital nécessaire, aux termes de l'article 12 ci-après, pour l'émission des titres au porteur, le premier versement peut être constaté par la délivrance de certificats nominatifs provisoires.

Ces certificats portent un numéro d'ordre; ils sont détachés d'un registre à souche et timbrés du timbre sec de la Compagnie. Ils sont signés par deux Administrateurs ou par un Administrateur et un délégué du Conseil d'administration.

Art. 11. — Les certificats nominatifs peuvent être négociés, au moyen d'un transfert signé par le cédant et le cessionnaire et inscrit sur les registres établis dans les bureaux de la Compagnie ou de ceux de ses représentants désignés à cet effet par le Conseil, partout où besoin sera.

Mention est faite du transfert au dos des titres par un administrateur ou par un agent à ce commis.

La Compagnie peut exiger que la signature des parties soit dûment certifiée.

Art. 12. — Les souscripteurs primitifs et leurs cessionnaires restent solidairement engagés jusqu'au paiement intégral de 30 0/0 sur le montant de chaque action.

Après le versement de 30 0/0 sur le montant de chaque action, les certificats nominatifs peuvent être échangés contre des titres au porteur provisoires.

Art. 13. — Chaque versement effectué est inscrit sur les titres auxquels il s'applique.

Après libération intégrale opérée, il est délivré aux porteurs des actions définitives.

Art. 14. — A défaut de versement aux époques déterminées, l'intérêt est dû pour chaque jour de retard à raison de 5 0/0 par an.

La Société peut, en outre, faire vendre les actions dont les versements sont en retard.

A cet effet, les numéros de ces actions sont publiés, conformément aux prescriptions de l'article 9 ci-dessus pour les appels de fonds, avec indication des conséquences du retard apporté dans les versements.

Deux mois après cette publication, la Société, sans mise en demeure et sans autre formalité ultérieure, a le droit de faire procéder à la vente desdites actions pour le compte et aux risques et périls des retardataires.

Cette vente est faite sur duplicata, en une ou plusieurs fois, à la Bourse de Paris ou à celle de Londres, par le ministère d'un agent de change.

Les titres antérieurs des actions ainsi vendues deviennent nuls de plein droit, par le fait même de la vente; il est délivré aux acquéreurs des titres nouveaux qui portent les mêmes numéros et qui sont seuls valables.

En conséquence, tout titre qui ne porte pas la mention régulière des versements exigibles cesse d'être négociable.

Les mesures qui font l'objet du présent article n'excluent pas l'exercice simultané de la Société, si elle le juge utile, des moyens ordinaires de droit contre les actionnaires en retard.

Art. 15. — Les sommes provenant des ventes effectuées en vertu de l'article précédent, déduction faite des frais et des intérêts, sont imputées, dans les termes de droit, sur ce qui est dû par l'actionnaire exproprié ou par ses cédants, qui restent responsables de la différence s'il y a déficit, et qui bénéficient de l'excédant si excédant il y a.

Art. 16. — Les actions définitives sont au porteur; la cession s'en opère par la simple tradition du titre.

Les actions définitives sont extraites d'un registre à souche, numérotées et revêtues de la signature de deux Administrateurs, ou d'un Administrateur et d'un délégué du Conseil d'administration.

Elles portent le timbre sec de la Compagnie.

Art. 17. — Le Conseil d'administration peut autoriser le dépôt et la conservation des titres au porteur dans la caisse sociale. — Il détermine, dans ce cas, la forme des certificats nominatifs de dépôt, les conditions de leur délivrance et les garanties dont l'exécution de cette mesure doit être entourée dans l'intérêt de la Société des actionnaires.

Art. 18. — Chaque action donne droit à une part proportionnelle dans la propriété de l'actif social.

Art. 19. — Toute action est indivisible. La Société ne reconnait qu'un propriétaire pour chaque action.

Art. 20. — Les droits et les obligations attachés à l'action suivent le titre dans les mains où il se trouve.

La possession d'une action emporte de plein droit adhésion aux statuts de la Société et aux résolutions de l'Assemblée générale des actionnaires.

Art. 21. — Les héritiers ou créanciers d'un actionnaire ne peuvent, sous quelque prétexte que ce soit, provoquer l'apposition des scellés sur les biens, valeurs ou revenus de la Société, en demander le partage ou la licitation, ni s'immiscer en aucune manière dans son administration. Ils doivent, pour l'exercice de leurs droits, s'en rapporter aux inventaires sociaux et aux comptes annuels approuvés par l'Assemblée générale des actionnaires.

Art. 22. — Les actionnaires ne sont engagés que jusqu'à concurrence du capital de leurs actions, au delà duquel tout appel de fonds est interdit.

Art. 23. — Le Conseil peut autoriser la libération anticipée des actions, mais seulement par mesure générale applicable à tous les actionnaires.

TITRE III.

CONSEIL D'ADMINISTRATION.

Art. 24. — La Société est administrée par un Conseil composé de *trente-deux* membres représentant les principales nationalités intéressées à l'entreprise (1).

Un comité, choisi dans son sein, est spécialement chargé de la direction et de la gestion des affaires de la Société.

Art. 25. — Les administrateurs ne contractent, en raison de leurs fonctions, aucune obligation personnelle ou solidaire. Ils ne répondent que de l'exécution de leur mandat.

---

(1) Dans l'Assemblée générale du 24 août 1871, la résolution suivante, présentée par M. le Président-Fondateur de la Compagnie, a été adoptée par 767 oui : contre 235 non :

« Le nombre des administrateurs indiqué par l'article 24 » des statuts est réduit à vingt et un. »

En vertu de l'article 71, toute modification aux statuts n'est valable qu'après l'approbation du Vice-Roi. Sur un refus d'explication demandée au Président de la Compagnie à ce sujet, la question a été soumise à l'autorité judiciaire. Elle a été repoussée par une fin de non-recevoir et par conséquent la question du fond reste sans solution.

Art. 26. — Les administrateurs sont nommés par l'Assemblée générale des actionnaires pour *huit* années.

Le Conseil se renouvelle en conséquence chaque année par *huitième*. Jusqu'à ce que l'entier renouvellement du Conseil ait établi l'ordre de roulement, les membres sortants sont désignés annuellement par le sort.

Les administrateurs sortants peuvent toujours être réélus.

Art. 27. — En cas de vacances provenant de démissions ou de décès, il est pourvu provisoirement au remplacement par le Conseil d'administration jusqu'à la prochaine Assemblée générale des actionnaires.

Les administrateurs ainsi nommés ne demeurent en fonctions que pendant le temps restant à courir pour l'exercice de leurs prédécesseurs.

Art. 28. — Chaque administrateur doit être propriétaire de *cent actions*, qui sont inaliénables et restent déposées dans la caisse sociale pendant toute la durée de ses fonctions.

Art. 29. — Une part de 3 0/0 dans les bénéfices nets annuels est attribuée aux administrateurs en raison de leurs peines et soins (1).

Pendant la durée des travaux et au besoin pendant les premières années qui suivront l'ouverture du canal maritime à la grande navigation, il est attribué au Conseil, pour tenir lieu de la part de 3 0/0

---

(1) Voir, au sujet de la part des administrateurs dans les bénéfices, la note placée sous l'article 63, page 37.

stipulée ci-dessus, une allocation annuelle qui sera comprise dans les frais d'administration et dont le montant sera fixé par la première Assemblée générale des actionnaires.

Le Conseil d'administration détermine l'attribution particulière qui doit être faite sur cette somme ou sur les 3 0/0 dans les bénéfices aux membres du comité de direction.

Art. 30. — Le Conseil d'administration nomme chaque année, parmi ses membres, un président et trois vice-présidents.

Le président et les vice-présidents peuvent toujours être réélus.

En cas d'absence du président et des vice-présidents, le Conseil désigne, à chaque séance, celui de ses membres qui doit en remplir les fonctions.

Art. 31. — Le Conseil d'administration se réunit au moins une fois par mois. Il se réunit, en outre, sur la convocation du président, aussi souvent que l'exigent les intérêts de la Société.

Les décisions sont prises à la majorité des voix des membres présents.

En cas de partage, la voix du président est prépondérante.

Sept administrateurs au moins doivent être présents pour valider les délibérations du Conseil.

Lorsque sept administrateurs seulement sont présents, les décisions, pour être valables, doivent être prises à la majorité de cinq voix.

Art. 32. — Le secrétaire général de la Compagnie assiste aux séances du Conseil d'administration avec voix consultative.

Art. 33. — Les délibérations du Conseil d'administration sont constatées par des procès-verbaux signés par le Président et un des membres présents à la séance.

Les copies ou extraits de ces procès-verbaux doivent, pour être produits valablement en justice ou ailleurs, être certifiés par le secrétaire général de la Compagnie.

Un extrait des décisions rendues à chaque séance, dûment certifié, est envoyé, dans les huit jours qui suivent la réunion, à chaque Administrateur absent.

Art. 34. — Le Conseil d'administration est investi des pouvoirs les plus étendus pour l'administration des affaires de la Société.

Il arrête les propositions à soumettre à l'Assemblée générale des actionnaires en vertu de l'article 56 ci-après.

Il statue sur les propositions du comité de direction concernant les objets suivants, savoir :

1° Nomination et révocation des fonctionnaires et agents supérieurs de la Compagnie; fixation de leurs attributions et de leur traitement;

2° Placements temporaires des fonds disponibles;

3° Etudes et projets, plans et devis pour l'exécution des travaux;

4° Marchés à forfait;

5° Acquisitions, ventes et échanges d'immeubles, achats de navires ou de machines nécessaires pour l'exécution des travaux et l'exploitation de l'entreprise;

6° Budgets annuels;

7° Fixation et modification des droits de toute

nature à percevoir en vertu de la concession; conditions et mode de perception des tarifs;

8° Disposition du fonds de réserve;

9° Disposition du fonds de retraite, de secours et d'encouragement pour les employés;

10° Réglementation de la Caisse des dépôts pour les actions et obligations de la Société.

Art. 35. — Le Conseil nomme ceux de ses membres qui doivent faire partie du comité de direction.

Il peut déléguer à un ou à plusieurs Administrateurs, aux fonctionnaires, employés de la Compagnie ou autres, tout ou partie de ses pouvoirs par un mandat spécial et pour une ou plusieurs affaires ou objets déterminés.

Art. 36. — Nul ne peut voter dans le Conseil, par procuration.

Lorsque le Conseil doit délibérer sur des modifications à apporter dans les tarifs ou dans les statuts, sur des emprunts ou augmentations du capital social, sur des demandes de concessions nouvelles, des traités de fusion avec d'autres entreprises, sur la dissolution et la liquidation de la Société, les Administrateurs absents doivent, un mois à l'avance, être informés de l'objet de la délibération et invités à venir prendre part au vote ou à adresser leur opinion par écrit au Président, qui en donne lecture en séance; après quoi les décisions sont prises à la majorité des voix des membres présents.

TITRE IV.

COMITÉ DE DIRECTION.

Art. 37. — Le comité de direction, constitué en vertu des dispositions de l'article 24 ci-dessus, est composé du Président du Conseil d'administration et de quatre Administrateurs spécialement délégués.

Art. 38. — Le comité de direction se réunit, sur la convocation du Président, autant de fois que cela est nécessaire pour la bonne marche du service, et au moins une fois par semaine.

Art. 39. — Il est tenu procès-verbal des séances du comité de direction. Ces procès-verbaux sont signés par un des Administrateurs présents à la séance.

Les extraits de ces procès-verbaux, pour être valablement produits en justice ou ailleurs, doivent être visés par le Président et certifiés par le secrétaire général de la Compagnie.

Art. 40. — Le comité de direction est investi de tous pouvoirs pour la gestion des affaires de la Société.

Il pourvoit à l'exécution, tant des obligations imposées par le cahier des charges et les statuts, que des résolutions adoptées par l'Assemblée générale et des décisions du Conseil d'administration.

Il soumet au Conseil d'administration les propositions relatives aux objets définis à l'article 34 ci-dessus.

Il représente la Société et agit en son nom, par un ou plusieurs de ses membres, dans tous les cas où une disposition expresse n'exige pas l'intervention de l'Assemblée générale des actionnaires ou du Conseil d'administration, notamment en ce qui concerne les objets ci-après :

1° Nomination et révocation des employés ; fixation de leurs fonctions et de leur solde;

2° Travail des bureaux;

3° Règlements et ordres de service;

4° Ordonnance et règlement des dépenses;

5° Transferts de rentes, d'effets publics et de commerce;

6° Perceptions de droits, recouvrements de créances, quittances et mainlevées avec ou sans paiement, instances judiciaires et administratives, mesures conservatoires;

7° Défenses en justice, compromis, transactions, désistements;

8° Traités, marchés, adjudications, achats de mobilier, baux et locations.

Les actions judiciaires en demandant ou en défendant sont dirigées par ou contre le Président et les membres composant le comité de direction.

En conséquence, les notifications ou significations sont faites et reçues par le comité de direction au nom de la Société.

Les décisions du comité, les actes et engagements approuvés par lui, sont signés par le Président ou par deux membres du comité, délégués à cet effet.

Art. 41. — Le comité de direction et le Président du Conseil peuvent déléguer, par procuration authentique, à un ou plusieurs Administrateurs, fonctionnaires de la Compagnie, employés ou autres, le pouvoir de signer tous les actes et engagements mentionnés ci-dessus.

Art. 42. — Un Administrateur délégué comme agent supérieur et chef de service réside à Alexandrie (1).

Il est investi de tous les pouvoirs nécessaires pour l'exécution des travaux et la marche de l'exploitation.

Il représente la Compagnie dans tous ses rapports avec le Gouvernement égyptien et les tiers.

TITRE V.

ASSEMBLÉE GÉNÉRALE DES ACTIONNAIRES.

Art. 43. — L'Assemblée générale régulièrement constituée représente l'universalité des actionnaires.

Art. 44. — L'Assemblée générale se compose de tous les actionnaires propriétaires d'au moins vingt-cinq actions.

Elle est régulièrement constituée lorsque les actionnaires qui la composent sont au nombre de

(1) Dans sa séance du 1er août 1867, l'Assemblée générale, sur la proposition du Président-Fondateur, a adopté la résolution suivante :

« L'agence supérieure d'Alexandrie est transférée à Is-
» maïlia et réunie à la direction générale des travaux.

» L'agent supérieur directeur général des travaux est
» investi de tous les pouvoirs nécessaires pour l'exécution
» des travaux et la marche de l'exploitation. Il représente
» la Compagnie dans tous ses rapports avec le Gouverne-
» ment égyptien.

» Des agents accrédités, agissant sous ses ordres, résideront à Alexandrie et au Caire. »

quarante et représentent le vingtième du fonds social (1).

Art. 45. — Lorsque, sur une première convocation, les actionnaires présents ne remplissent pas les conditions spécifiées ci-dessus pour constituer la validité des délibérations de l'Assemblée générale, la réunion est ajournée de plein droit, et l'ajournement ne peut être moindre de un mois.

Une seconde convocation est faite dans la forme prescrite par l'article 47 ci-après.

Les délibérations de l'Assemblée générale dans cette seconde réunion ne peuvent porter que sur

---

(1) Dans sa séance du 21 août 1871, l'Assemblée générale a adopté la proposition suivante :

« Les actions égyptiennes ne pouvant pas être représen-
» tées aux Assemblées générales pendant tout le temps
» qu'elles sont privées de leurs coupons, et, d'un autre
» côté, les délégations des coupons ne pouvant pas non
» plus y être admises ;

» L'Assemblée décide qu'il y aura lieu à l'avenir d'adop-
» ter le vingtième ou le dixième des actions nécessaires
» pour valider les Assemblées générales en prenant pour
» base 223,398 actions, au lieu de la base de 400,000 actions
» exigées par les articles 41 et 67 des statuts. »

Cette résolution après avoir été appliquée à l'Assemblée générale du 12 mars 1872 n'a plus été observée à l'Assemblée du 31 juillet suivant.

C'est une modification aux statuts que n'a pas ratifiée le Vice-Roi, et contre laquelle il a même protesté. La question de savoir si les actions du Vice-Roi, dépouillées chacune de 50 de leurs coupons, ont droit d'être représentées aux Assemblées générales, reste en suspens jusqu'à nouvel ordre, conformément à une délibération du Conseil judiciaire de la Compagnie, qui, après s'être d'abord prononcé à l'unanimité pour la négative, c'est-à-dire pour l'exclusion de ces actions, s'est prononcé cette année (1872), également à l'unanimité, pour l'affirmative, c'est-à-dire pour l'admission au vote des mêmes actions.

les objets portés à l'ordre du jour de la première. Ces délibérations sont valables quel que soit le nombre des actionnaires présents et des actions représentées.

ART. 46. — L'Assemblée générale se réunit chaque année entre le 1er mai et le 1er août (1).

Elle se réunit en outre extraordinairement toutes les fois que le Conseil d'administration en reconnaît l'utilité.

ART. 47. — Les convocations ordinaires et extraordinaires sont faites par un avis publié un mois avant l'époque de la réunion (2).

ART. 48. — Les actionnaires, pour avoir le droit d'assister ou de se faire représenter à l'Assemblée générale, doivent justifier, au domicile de la Société, au moins cinq jours avant la réunion, du dépôt fait de leurs titres dans la caisse sociale ou chez un représentant de la Compagnie désigné à cet effet par le Conseil d'administration dans les villes dénommées à l'article 8 ci-dessus.

---

(1) Le texte primitif du premier paragraphe de cet article était ainsi conçu :

« L'Assemblée générale se réunit chaque année dans la » première quinzaine de mai. »

Il a été modifié, tel que nous le donnons plus haut, par l'Assemblée générale du 6 août 1861.

(2) Cet article qui a été modifié tel que nous le donnons, par l'Assemblée générale du 2 août 1869, était, à l'origine, ainsi conçu :

« Les convocations ordinaires et extraordinaires sont faites » par un avis publié deux mois avant l'époque de la » réunion dans les formes prescrites pour les appels de » fonds par l'article 9 des statuts. »

Les dépôts faits dans ces conditions donnent droit à la remise de cartes d'admission nominatives.

Les actionnaires porteurs de certificats de dépôt ont également la faculté de se faire représenter aux Assemblées générales par des mandataires munis de pouvoirs réguliers, dont la forme est déterminée par le Conseil d'administration.

Les fondés de pouvoirs doivent déposer leurs procurations au domicile de la Société cinq jours au moins avant la réunion.

Nul ne peut représenter un actionnaire à l'Assemblée s'il n'est lui-même membre de cette Assemblée.

Art. 49. — L'Assemblée générale est présidée par le président ou par un des vice-présidents du Conseil d'administration, et, à leur défaut, par un Administrateur nommé par le Conseil.

Les deux plus forts actionnaires présents au moment de l'ouverture de la séance, et qui acceptent, sont nommés scrutateurs.

Le Président désigne le secrétaire.

Art. 50. — Les délibérations de l'Assemblée générale sont prises à la majorité des voix des membres présents ou régulièrement représentés, conformément à l'article 48 ci-dessus.

En cas de partage, la voix du Président est prépondérante.

Art. 51. — Vingt-cinq actions donnent droit à une voix; le même actionnaire ne peut réunir plus de *dix voix*, soit comme actionnaire, soit comme mandataire.

Art. 52. — Le scrutin secret peut être réclamé par *dix* membres.

Art. 53. — Les délibérations de l'Assemblée générale sont constatées par des procès-verbaux signés par le Président, par les scrutateurs et par le secrétaire.

Les copies ou extraits de ces procès-verbaux, pour être valablement produits en justice ou ailleurs, doivent être certifiés par le secrétaire général de la Compagnie.

Art. 54. — Une feuille de présence, destinée à constater le nombre des membres assistant à l'Assemblée et celui des actions représentées par chacun d'eux, reste annexée à la minute du procès-verbal, ainsi que les pouvoirs conférés par les actionnaires absents.

Cette feuille doit être signée par chaque actionnaire à son entrée à la séance.

Art. 55. — L'ordre du jour de l'Assemblée générale est arrêté par le Conseil d'administration.

Aucune autre question que celles qui sont portées à l'ordre du jour ne peut être mise en délibération.

Art. 56. — L'Assemblée générale entend les rapports du Conseil d'administration sur la situation et les intérêts de la Société. Elle délibère sur ses propositions, en se renfermant dans les limites des statuts et du cahier des charges, concernant tous les intérêts de la Compagnie. Elle nomme les Administrateurs en remplacement des membres du Conseil sortants ou à remplacer. Elle confère, lorsqu'il y a lieu, au Conseil les pouvoirs nécessaires pour la suite à donner à ses résolutions.

L'approbation de l'Assemblée générale est nécessaire pour toute décision statuant sur les objets ci-après, savoir :

1° Concessions nouvelles;

2° Fusion avec d'autres entreprises;

3° Modifications aux statuts de la Société;

4° Dissolution de la Société;

5° Augmentation du capital social;

6° Emprunts;

7° Règlement des comptes de premier établissement en fin de l'exécution des travaux;

8° Règlement des comptes annuels;

9° Fixation de la retenue pour le fonds de réserve;

10° Fixation du dividende à distribuer annuellement aux actions.

Art. 57. — Les délibérations relatives aux objets mentionnés à l'art. 56, paragraphes 1er, 2e, 3e, 4e, 5e et 6e, doivent, pour être valables, être prises par une assemblée réunissant au moins le dixième du fonds social et à la majorité des deux tiers des voix des membres présents, au nombre de cinquante au moins (1).

Lorsque, sur une première convocation, les actionnaires présents ne remplissent pas ces conditions, il est procédé à une deuxième convocation, conformément aux prescriptions de l'art. 47 ci-dessus.

Les délibérations de l'Assemblée générale réunie

---

(1) Voir, à la note sous l'art. 44, la résolution adoptée par l'Assemblée générale du 24 août 1871.

en vertu de cette deuxième convocation sont valables, quel que soit le nombre des actionnaires présents et des actions représentées.

Art. 58. — Les délibérations de l'Assemblée générale prises conformément aux statuts obligent tous les actionnaires, même ceux qui sont absents ou dissidents.

TITRE VI.

COMPTES ANNUELS. — AMORTISSEMENT. — INTÉRÊTS. — FONDS DE RÉSERVE. — DIVIDENDES.

Art. 59. — Pendant l'exécution des travaux, il est payé annuellement aux actionnaires un intérêt de 5 0/0 sur les sommes par eux versées, en exécution de l'article 9 ci-dessus.

Il est pourvu au paiement de ces intérêts par le produit des placements temporaires de fonds et autres produits accessoires, et au besoin sur le capital social.

Art. 60. — Après l'achèvement des travaux, le compte des recettes et dépenses de la Compagnie pendant la durée de ces travaux est arrêté et soumis à l'Assemblée générale des actionnaires par le Conseil d'administration.

Art. 61. — A dater de l'ouverture du Canal maritime à la grande navigation, un inventaire général de l'actif et du passif de la Société au 31 décembre précédent est dressé dans le premier trimestre de chaque année. Cet inventaire est soumis à l'Assemblée générale des actionnaires réunie dans les délais fixés à l'article 46.

Art. 62. — Les produits annuels de l'entreprise

servent d'abord à acquitter dans l'ordre ci-après :

1° Les dépenses d'entretien et d'exploitation, les frais d'administration et généralement toutes les charges sociales ;

2° L'intérêt et l'amortissement des emprunts qui peuvent avoir été contractés ;

3° *Cinq pour cent* du capital social pour servir aux actions amorties et non amorties un intérêt annuel de *vingt-cinq francs* par action, les intérêts afférents aux actions amorties devant rentrer au fonds d'amortissement, constitué conformément à l'article 66 ci-après ;

4° *Quatre centièmes* pour cent du capital social également applicables à ce fonds d'amortissement ;

5° La retenue destinée à constituer ou à compléter un fonds de réserve pour les dépenses imprévues, conformément aux dispositions de l'article 69 ci-après.

L'excédant des produits annuels, après ces divers prélèvements, constitue les produits nets ou bénéfices de l'entreprise.

Art. 63.— Les produits nets ou bénéfices de l'entreprise sont répartis de la manière suivante :

1° 15 0/0 au Gouvernement égyptien ;

2° 10 0/0 aux fondateurs ;

3° 3 0/0 aux Administrateurs (1) ;

---

(1) Dans sa réunion du 21 août 1871, l'Assemblée générale a adopté la résolution suivante :

« Les paragraphes 3 et 5 de l'article 63 des statuts attri-

4° 2 0/0 pour la constitution d'un fonds destiné à pourvoir aux retraites, aux secours, aux indemnités ou gratifications accordées, suivant qu'il y a lieu, par le Conseil, aux employés ;

5° 70 0/0 comme dividende à répartir entre toutes les actions amorties et non amorties indistinctement (1).

Art. 64. — Le paiement des intérêts et dividendes est fait à la caisse sociale, ou chez les représentants désignés par le Conseil d'administration dans les villes dénommées à l'article 8 ci-dessus.

Le paiement des intérêts se fait en deux termes, le 1er juillet et le 1er janvier de chaque année.

Le dividende est payé le 1er juillet.

Toutefois le Conseil peut, lorsqu'il juge qu'il y a lieu, autoriser le paiement d'un à-compte de dividende le 1er janvier.

Chaque paiement est annoncé au moyen de publications faites conformément aux prescriptions de l'article 9 ci-dessus pour les appels de fonds.

Art. 65. — Les intérêts et dividendes qui ne sont pas réclamés à l'expiration de cinq années après l'époque annoncée pour le paiement sont acquis à la Société.

---

buant 3 0/0 aux Administrateurs et 70 0/0 aux actions, sont modifiés de la manière suivante :

» § 3. 2 0/0 aux Administrateurs.

» § 5. 71 0/0 comme dividende à répartir entre toutes les actions amorties ou non indistinctement. »

(1) Voir la note ci-dessus.

Art. 66. — L'amortissement des actions est effectué en quatre-vingt-dix-neuf ans, suivant le tableau d'amortissement dressé en exécution des présents statuts.

Il est pourvu à cet amortissement, ainsi qu'il a été dit à l'article 62 ci-dessus, au moyen d'une annuité de 0 fr. 04 0/0 du capital social et de l'intérêt à 5 0/0 des actions successivement remboursées.

S'il arrivait que, dans le cours d'une ou de plusieurs années, les produits nets de l'entreprise fussent insuffisants pour assurer le remboursement du nombre d'actions à amortir, la somme nécessaire pour compléter le fonds d'amortissement serait prélevée sur la réserve, et, à défaut, sur les premiers produits nets disponibles des années suivantes, par préférence et antériorité à toute attribution de dividende.

La désignation des actions à rembourser a lieu au moyen d'un tirage au sort fait publiquement chaque année au domicile de la Société, aux époques et suivant la forme déterminées par le Conseil.

Art. 67. — Les numéros des actions désignées par le sort pour être remboursées sont annoncés au moyen de publications faites conformément aux prescriptions de l'article 9 ci-dessus.

Art. 68. — Le remboursement des actions désignées par le tirage au sort pour être amorties est fait aux lieux indiqués pour le paiement des intérêts et dividendes par l'article 64 ci-dessus.

Les porteurs d'actions amorties conservent les mêmes droits que les porteurs d'actions non amorties, à l'exception de l'intérêt à 5 0/0 du capital qui leur a été remboursé.

Art. 69. — La retenue opérée pour la constitution ou le complément du fonds de réserve, conformément au paragraphe 5e de l'article 62 ci-dessus, est de 5 0/0 des produits annuels, après déduction des charges définies aux paragraphes 1er, 2e, 3e et 4e du même article.

Lorsque le fonds de réserve atteint le chiffre de *cinq millions* de francs, l'Assemblée générale des actionnaires peut, sur la proposition du conseil, réduire ou suspendre la retenue annuelle à ce affectée ainsi qu'il vient d'être expliqué.

Cette retenue reprend cours et effet dès que le fonds de réserve descend au-dessous de *cinq millions de francs.*

Art. 70. — La part attribuée aux fondateurs dans les bénéfices annuels de l'entreprise par le cahier des charges est représentée par des titres spéciaux dont le Conseil détermine le nombre, la nature et la forme.

Dans tous les cas, les prescriptions des articles 17, 18, 19 et 21 ci-dessus, concernant les actions, sont également applicables aux titres des fondateurs dont les droits suivent ceux des actionnaires sur la jouissance des terrains faisant partie de la concession.

TITRE VII.

MODIFICATIONS AUX STATUTS. — LIQUIDATION

Art. 71. — Si l'expérience fait reconnaître l'utilité d'apporter des modifications ou additions aux présents statuts, l'Assemblée générale y pourvoit, dans la forme déterminée à l'article 57.

Les résolutions de l'Assemblée à cet égard ne sont toutefois exécutoires qu'après l'approbation du Gouvernement égyptien.

Tous pouvoirs sont donnés d'avance au Conseil d'administration, délibérant à la majorité des deux tiers des voix des membres présents dans une réunion spéciale à cet effet, pour consentir les changements que le Gouvernement égyptien jugerait nécessaire d'apporter aux modifications votées par l'Assemblée générale.

Art. 72. — Dans le cas de dissolution de la Société, l'Assemblée générale, sur la proposition du Conseil d'administration, détermine le mode à adopter, soit pour la liquidation, soit pour la reconstitution d'une Société nouvelle.

TITRE VIII.

ATTRIBUTION DE JURIDICTION. — CONTESTATIONS.

Art. 73. — La Société étant constituée, avec approbation du Gouvernement égyptien, sous la forme anonyme, par analogie aux sociétés anonymes autorisées par le Gouvernement français, elle est régie par les principes de ces dernières sociétés.

Quoique ayant son siége social à Alexandrie, la Société fait élection de domicile légal et attributif de juridiction à son domicile administratif à Paris, où doivent lui être faites toutes significations.

Art. 74. — Toutes les contestations qui peuvent s'élever entre les associés sur l'exécution des présents statuts et à raison des affaires sociales sont jugées par arbitres nommés par les parties, sans qu'il puisse être nommé plus d'un arbitre pour toutes les parties représentant un même intérêt.

Les appels de ces sentences sont portés devant la Cour d'appel de Paris.

Art. 75. — Les contestations touchant l'intérêt général et collectif de la Société ne peuvent être dirigées, soit contre le Conseil d'administration, soit contre un de ses membres, qu'au nom de la généralité des actionnaires et en vertu d'une délibération de l'Assemblée générale.

Tout actionnaire qui veut provoquer une contestation de cette nature doit en faire la communication au Conseil d'administration quinze jours au moins avant la réunion de l'Assemblée générale, en la faisant appuyer par la signature d'au moins dix actionnaires en mesure d'assister à cette Assemblée. Le Conseil est alors tenu de mettre la question à l'ordre du jour de la séance.

Si la proposition est repoussée par l'Assemblée, aucun actionnaire ne peut la reproduire en justice dans son intérêt particulier. Si elle est accueillie, l'Assemblée désigne un ou plusieurs commissaires pour suivre la contestation.

Les significations auxquelles donne lieu la procédure ne peuvent être adressées qu'auxdits commissaires. Dans aucun cas elles ne doivent l'être aux actionnaires personnellement.

TITRE IX.

COMMISSAIRE SPÉCIAL DU GOUVERNEMENT ÉGYPTIEN PRÈS LA COMPAGNIE.

Art. 76. — Conformément au cahier des charges, un commissaire spécial est délégué près la Compagnie, à son domicile administratif, par le Gouvernement égyptien.

Le commissaire du Gouvernement égyptien peut prendre connaissance des opérations de la Société, et faire toutes communications ou notifications nécessaires à l'accomplissement de son mandat, pour l'exécution du cahier des charges de la concession.

TITRE X.

DISPOSITIONS TRANSITOIRES. — PREMIER CONSEIL D'ADMINISTRATION.

Art. 77. — Par dérogation aux articles 24, 26, 27, 30, 56 ci-dessus, et sauf l'exception déterminée par l'article 20 du firman de concession, le Conseil d'administration est constitué comme suit, pour toute la durée des travaux et pendant les cinq premières années qui suivront l'ouverture du Canal maritime à la grande navigation.

MM. . . . .

Indépendamment des attributions déterminées par les articles 34 et 35 des présents statuts, le Conseil d'administration, constitué comme il est dit ci-dessus, est investi de tous pouvoirs pour assurer l'exécution de l'entreprise. A cet effet, il peut choisir le mode qui lui paraît le plus favorable, tant pour l'acquisition et la revente des terrains que pour l'achat des matières, l'exécution des travaux et la fourniture du matériel de toute nature. Il peut autoriser la mise en adjudication de tout ou partie des travaux, l'acquisition de tous biens meubles et immeubles nécessaires à l'établissement et à l'exploitation des canaux et dépendances faisant partie de la concession. Il peut également, et dans le même but, autoriser les travaux en régie et les marchés à forfait pour tout ou partie de l'entreprise.

Le premier Conseil d'administration est autorisé, pendant la durée du mandat spécial qui fait l'objet du présent article, à se compléter, en cas de vacances, de quelque manière que ces vacances se produisent (1).

---

(1) Dans le rapport qu'il a présenté à l'Assemblée générale du 21 août 1871, M. le Président-Fondateur de la Compagnie a déclaré que lui et le Conseil d'administration renonçaient à cette faculté :

« Le Conseil, voulant préparer les voies dans lesquelles il devra entrer à l'expiration de son mandat spécial, aux termes des statuts, se croit autorisé à introduire dès à présent l'élément électif dans le renouvellement de ses membres, et à l'avenir il sera pourvu à toute vacance par l'élection de l'Assemblée générale. »

A l'Assemblée générale du 12 mars 1872, M. le Président-Fondateur a donné lecture d'une lettre de M. Emile Ollivier dans laquelle le commissaire du Vice-Roi s'exprime en ces termes sur la renonciation du Conseil au droit de se compléter lui-même : « Il n'a pas échappé à S. A. que les formes nécessaires pour la modification de l'art. 77 des statuts n'avaient pas été remplies.

» Mais elle admet avec la Compagnie que cet article accordant une *autorisation* et n'imposant pas une *obligation*,

TITRE XI.

PUBLICATIONS.

Art. 78. — Tous pouvoirs sont donnés au porteur d'une expédition des présentes pour les faire publier à Alexandrie et partout où besoin sera.

Nous, Mohammed-Saïd-Pacha, vice-roi d'Égypte,

Après avoir pris connaissance du projet des statuts de la Compagnie universelle du Canal maritime de Suez et dépendances, lequel nous a été présenté par M. Ferdinand de Lesseps, et dont l'original, contenant 78 articles, reste déposé dans nos archives,

---

la nouvelle pratique que va adopter la Société n'en implique pas le changement. »

En conséquence, il a été procédé par l'Assemblée à la nomination de deux membres manquants pour compléter le nombre de 21 Administrateurs.

A l'Assemblée générale du 31 juillet 1872, M. Ferdinand de Lesseps a annoncé que le Gouvernement égyptien avait invité le Conseil d'administration à ne plus user de l'autorisation de faire compléter le Conseil par l'Assemblée générale; mais que des négociations étaient engagées sur ce point avec Son Altesse et qu'il y avait lieu d'espérer une solution prochaine.

En attendant, le droit électoral de la Société a été suspendu, et il n'a pas été procédé au remplacement d'un membre du Conseil, démissionnaire depuis le 6 mars

Déclarons donner auxdits statuts notre approbation, pour qu'ils soient annexés à notre acte de concession et cahier des charges, en date de ce jour.

Alexandrie, le 26 rebi-ul-akher 1272
(5 *janvier* 1856).

O Cachet de S. A. le Vice-Roi.

Pour traduction conforme à l'original en langue turque déposé aux archives du cabinet,

Le Secrétaire des commandements de Son Altesse le Vice-Roi,

Signé : KŒNIG-BEY.

RÈGLEMENT SUR L'EMPLOI DES OUVRIERS INDIGÈNES (1).

Nous, Mohammed-Saïd-Pacha, vice-roi d'Égypte,

Voulant assurer l'exécution des travaux du Canal maritime de Suez, pourvoir au bon traitement des ouvriers égyptiens qui y seront employés, et veiller en même temps aux intérêts des cultivateurs, propriétaires et entrepreneurs du pays, avons établi, de concert avec M. Ferdinand de Lesseps, comme Président-Fondateur de la Compagnie universelle dudit Canal, les dispositions suivantes :

Art. 1er. — Les ouvriers qui seront employés aux travaux de la Compagnie seront fournis par le Gouvernement égyptien, d'après les demandes des ingénieurs en chef et suivant les besoins.

Art. 2. — La paie allouée aux ouvriers sera fixée suivant les prix payés, en moyenne, pour les travaux des particuliers, à la somme de deux piastres et demie à trois piastres par jour, non compris les rations qui seront délivrées en nature par la Compagnie pour la valeur d'une piastre.

Les ouvriers au-dessous de douze ans ne recevront qu'une piastre, mais ration entière.

Les rations en nature seront distribuées par jour ou tous les deux ou trois jours à l'avance ; et, dans

(1) Ce règlement a été annulé moyennant une indemnité de 38 millions de francs accordée à la Compagnie par la sentence arbitrale du 6 juillet 1864.

le cas où l'on serait assuré que les ouvriers qui en feront la demande seront en état de pourvoir à leur nourriture, la ration leur sera donnée en argent.

La paie en argent aura lieu toutes les semaines. Cependant la Compagnie ne comptera, pendant le premier mois, que la moitié de la paie, jusqu'à ce qu'elle ait accumulé une réserve de quinze jours de solde, après quoi, la paie entière sera délivrée aux ouvriers.

Le soin de fournir de l'eau potable en abondance pour tous les besoins des ouvriers est à la charge de la Compagnie.

Art. 3. — La tâche imposée aux ouvriers ne dépassera pas celle qui est fixée dans l'administration des ponts et chaussées en Égypte, et qui a été adoptée dans les grands travaux de canalisation exécutés dans ces dernières années.

Le nombre des ouvriers employés sera fixé en prenant en considération les époques des travaux de l'agriculture.

Art. 4. — La police des chantiers sera faite par les officiers et agents du Gouvernement égyptien, sous les ordres et suivant les instructions des ingénieurs en chef, conformément à un règlement spécial qui recevra notre approbation.

Art. 5. — Les ouvriers qui n'auront pas rempli leur tâche seront soumis à une diminution de salaire qui ne sera pas moindre du tiers, et qui sera proportionnée au déficit de l'ouvrage commandé. Ceux qui déserteront perdront, par ce seul fait, les quinze jours de solde en réserve; le montant en sera versé à la caisse de l'hôpital, dont il sera parlé à l'article suivant. Ceux qui apporteraient du trouble dans les chantiers seront privés également des quinze jours de solde en réserve. Ils seront en outre passibles d'une amende qui sera versée à la caisse de l'hôpital.

Art. 6. — La Compagnie sera tenue d'abriter les ouvriers, soit sous des tentes, soit dans des hangars ou maisons convenables. Elle entretiendra un hôpital et des ambulances, avec tout le personnel et tout le matériel nécessaires, pour traiter les malades à ses frais.

Art. 7. — Les frais de voyage des ouvriers engagés et de leurs familles, depuis le lieu de leur départ jusqu'à leur arrivée sur les chantiers, seront à la charge de la Compagnie.

Chaque ouvrier malade recevra, à l'hôpital ou dans les ambulances, outre les soins que réclamera son état, une paie d'une piastre et demie pendant tout le temps qu'il ne pourra pas travailler.

Art. 8. — Les ouvriers d'art, tels que maçons, charpentiers, tailleurs de pierre, forgerons, etc., etc., recevront la paie que le Gouvernement a l'usage de leur allouer pour ses travaux, outre la ration de vivres ou la valeur de cette ration.

Art. 9. — Lorsque des militaires appartenant au service actif seront employés aux travaux, la Compagnie déboursera pour chacun d'eux, à titre de haute paie, de solde ordinaire ou d'entretien, une somme égale à celle des ouvriers civils.

Art. 10.— Toutes les couffes nécessaires pour le transport des terres et des matériaux, ainsi que la poudre pour l'exploitation des carrières, seront fournies par le Gouvernement à la Compagnie, au prix de revient, pourvu que la demande en ait été faite au moins trois mois à l'avance.

Art. 11. — Nos ingénieurs Linant-Bey et Mougel-Bey, que nous mettons à la disposition de la Compagnie pour la direction et la conduite des travaux, auront la surveillance supérieure des ouvriers, et s'entendront avec l'Administrateur délégué de la Compagnie pour aplanir les difficultés qui pourraient survenir dans l'exécution du présent décret.

Fait à Alexandrie, le 20 juillet 1856.

(L. S.)

(Cachet de S. A. le Vice-Roi.)

NOTE SUR LA SITUATION ACTUELLE
DE L'ENTREPRISE DU CANAL DE SUEZ.
(1858)

Au moment où la question du percement de l'Isthme de Suez va entrer dans la période d'exécution, le mandataire de S. A. le vice-roi d'Egypte croit devoir à l'opinion publique, qui l'a si puissamment secondé, des informations nettes et précises sur la situation de l'entreprise.

Les instructions données au concessionnaire, dès le 19 mai 1855, par S. A. le vice-roi d'Egypte, contenaient ce qui suit : « Ce sera seulement après » l'adoption du tracé de communication entre les » deux mers, et lorsque tous les avantages et toutes » les obligations de ceux qui prendront part à l'en- » treprise seront bien déterminés, que les capita- » listes et le public seront appelés à souscrire des » actions, et que les représentants des intéressés » décideront en dernier ressort sur toutes les ques- » tions se rattachant à l'exécution et à l'exploita- » tion de l'entreprise. »

Ces instructions ont été suivies de point en point. Le tracé du Canal a été déterminé par une autorité scientifique hors de toute atteinte. Les avantages et les obligations de ceux qui vont prendre part à l'entreprise ont été énumérés déjà plus d'une fois et sont ici l'objet d'un nouvel exposé. Enfin, le public va être appelé à souscrire les actions et à constituer la Compagnie.

Cette Compagnie, dont les statuts ont été approurés par S. A. le vice-roi d'Egypte, a pour objet : 1° La réunion de la Méditerranée à la mer Rouge par un canal de grande navigation ; 2° la jonction du Nil au Canal maritime par un canal d'irrigation et de navigation fluviale ; 3° la mise en valeur des terrains concédés à la Compagnie et situés de manière à profiter du canal d'irrigation.

La dépense totale à prévoir pour l'exécution de tous les travaux s'élève à 160 millions de francs. Dans cette somme ne sont pas compris les intérêts annuels, à cinq pour cent, qui seront calculés sur les versements effectués, et qui sont assurés aux actionnaires jusqu'au moment où l'entreprise donnera des produits suffisants.

Le produit brut du Canal a été évalué à la somme annuelle de 30,000,000 fr. provenant du seul droit de passage des bâtiments, à raison de trois millions de tonneaux de charge et de 10 francs par tonneau. Or, la capacité des navires de commerce qui doublent aujourd'hui le cap de Bonne-Espérance est de plus de quatre millions de tonneaux. En bornant à trois millions le tonnage des navires qui passeront par le Canal maritime, on reste fort au-dessous de toutes les probabilités, surtout lorsqu'on considère que l'année dernière trois millions six cent mille tonneaux ont transité par les Dardanelles.

Le revenu provenant du droit de passage par le Canal maritime s'augmentera par le développement obligé de la navigation générale, ainsi que par la perception des droits de navigation sur le canal d'eau douce, et par le produit des terrains cultivés, bâtis ou boisés qui font partie de la concession.

L'ouverture de l'Isthme de Suez abrége la distance entre l'Europe et les Indes de trois mille lieues en moyenne sur six mille. Le bénéfice de la navigation générale obtenu par cette abréviation sera donc de cinquante pour cent.

L'exécution des travaux comprendra deux périodes distinctes : l'une qui aura pour terme l'achèvement complet de toutes les constructions et durera six ans; l'autre qui ne s'étendra pas à plus de trois années, à l'expiration desquelles la Compagnie percevra déjà des revenus considérables. En effet, dès la première année le canal d'eau douce sera terminé. Ce canal partira du Caire, et, parvenu à la hauteur du Canal maritime, se divisera en deux branches d'irrigation, dont l'une aboutira à la Méditerranée, l'autre à Suez. Il donnera aux terres environnantes cette fertilité exceptionnelle qui distingue la vallée du Nil. Ce sera une première source de revenu. Deux années après, une communication suffisante pour une très-grande partie de la navigation actuelle sera ouverte entre les deux mers. Les travaux de construction qui doivent donner au Canal maritime une largeur et une profondeur suffisantes pour le passage des plus grands bâtiments seront ensuite poursuivis jusqu'à leur terme. Pour obtenir ce résultat, c'est-à-dire l'établissement du canal d'eau douce et l'ouverture du Canal maritime provisoire, une dépense de 80 millions ou des deux cinquièmes du capital social a été reconnue suffisante.

Tous les pays ont été appelés indistinctement à prendre part à l'entreprise, et chacun d'eux a pu se préparer à apporter son concours dans la proportion qui lui a été indiquée dès l'origine de la concession. Aujourd'hui il s'agira, dans la souscription générale qui va être ouverte publiquement, de faire une part égale à tous les capitaux qui viendront s'offrir. Les souscriptions appuyées d'un à-compte de versement seront totalisées sans acception d'origine, et l'attribution à chaque souscripteur sera faite au prorata des demandes.

La souscription générale sera ouverte partout en même temps. Les conditions en seront publiées par des annonces qui fixeront le montant et l'époque des premiers versements.

Ainsi seront remplies les intentions de S. A. Mohammed-Saïd. Ce prince, en appelant l'Europe à ouvrir une communication maritime entre la Méditerranée et la mer Rouge à travers le territoire qu'il gouverne, a été inspiré par la louable pensée de contribuer aux progrès de la civilisation; mais il a voulu, en outre, assurer la rémunération des capitaux engagés dans l'entreprise. Tel a été le double but de sa libérale concession et des instructions rappelées dans le présent exposé. Elles sont une nouvelle preuve de l'esprit éclairé et du caractère généreux du vice-roi d'Egypte.

Paris, le 1er octobre 1858.

FERDINAND DE LESSEPS.

CIRCULAIRE DE M. FERDINAND DE LESSEPS

AUX AGENTS ET CORRESPONDANTS DE LA COMPAGNIE UNIVERSELLE DU CANAL DE SUEZ.

Paris, 9, rue Richepance, 15 octobre 1858.

Monsieur,

J'ai l'honneur de vous informer que, la plupart des agents correspondants de la Compagnie, à l'étranger, ne trouvant pas suffisants les délais que je leur avais assignés, je me suis décidé à ajourner l'ouverture de la souscription générale, ainsi que la réunion du Conseil d'administration.

En conséquence, la souscription sera ouverte simultanément à Paris, dans les départements et à l'étranger, le 5 novembre prochain, et sera close le 30 du même mois.

Un à-compte de 50 francs par action sera versé en souscrivant.

Des annonces, insérées dans les journaux de tous les pays, formuleront les conditions de cette souscription par un avis dont je joins ici le spécimen.

Vous remarquerez que, d'après cet avis, les personnes qui ont déjà formé des demandes d'actions devront, pour les valider, se conformer aux prescriptions qu'il renferme.

Vous jugerez s'il sera utile, ainsi que l'ont déjà fait plusieurs de vos collègues, de faire connaître à l'avance, par une circulaire explicative, et au besoin par un avis inséré dans les journaux de votre résidence, la mission dont vous avez bien voulu vous charger. Si vous avez besoin d'un certain nombre d'exemplaires des statuts et de mes notes sur les résultats économiques et financiers de l'entreprise, je m'empresserai de vous en faire un nouvel envoi.

Je ne sais, Monsieur, si, dans le concours que vous me prêtez en acceptant le titre d'agent correspondant de la Compagnie, et auquel j'attache le plus grand prix, vous consentiriez à comprendre l'encaissement du produit des versements à opérer par les souscripteurs.

Je vous transmets une instruction qui vous indiquera la marche à suivre pour cette opération.

Dans le cas où il ne vous conviendrait pas de vous charger de cette mission spéciale, je vous prierai d'avoir la bonté de choisir le banquier de votre ville que vous jugeriez le plus propre à la remplir convenablement, de lui remettre l'instruction ci-jointe, et de vouloir bien, le plus promptement possible, me faire connaître son nom, en l'engageant à se mettre immédiatement en rapport avec moi pour concerter les moyens d'exécution.

Permettez-moi, d'ailleurs, dans l'un et l'autre cas, de compter sur la continuation de tous vos bons offices, et spécialement sur votre active sollicitude pour éclairer l'opinion dans votre pays sur le but et les avantages de notre entreprise, sur son caractère éminemment utile, pacifique et civilisateur, sur l'intérêt commercial qui s'attache à sa réalisation, et sur l'importance des produits assurés à l'ensemble de son exploitation.

Je vous prie de prendre note que les correspondances et documents *concernant la souscription générale* seront signés par moi, ou, en mon nom, par M. Albert Rostand, un de mes collaborateurs, membre fondateur de l'entreprise, ancien directeur, à Marseille, des services maritimes des Messageries impériales.

Veuillez agréer, Monsieur, les nouvelles assurances de ma considération la plus distinguée.

FERD. DE LESSEPS.

P.-S. — Les bureaux de la Compagnie, à Paris, sont installés place Vendôme, 16.

SOUSCRIPTION PUBLIQUE.

COMPAGNIE UNIVERSELLE DU CANAL MARITIME DE SUEZ,

Fondée par décret de S. A. le Vice-Roi d'Égypte.

(PREMIER AVIS.)

M. Ferdinand de Lesseps, concessionnaire du Canal de Suez, en exécution du mandat qu'il a reçu de S. A. le vice-roi d'Egypte, ouvre une souscription publique, après s'être assuré le concours des influences financières de l'Europe. Le Canal de Suez est destiné à rétablir la communication abrégée entre les deux mondes, que la découverte du cap de Bonne-Espérance avait fait abandonner. Pour conserver à cette œuvre le caractère de grandeur et d'universalité qui lui est propre, M. de Lesseps appelle à y participer les capitaux de tous les pays.

Le but et les avantages commerciaux et financiers de l'entreprise sont :

1° Le droit d'ouvrir à travers l'Isthme de Suez un canal de grande navigation destiné à réunir la Méditerranée à la mer Rouge et aux mers des Indes, de la Chine, etc., etc.;

2° La jonction du Nil au canal de grande navigation qui traverse l'Isthme de Suez, au moyen d'un canal d'irrigation et de navigation fluviale;

3° La mise en valeur de 133,000 hectares de terres concédés à la Compagnie, dont 63,000 hectares de terres cultivables, et 70,000 hectares formant une bande de deux kilomètres de largeur sur chaque rive des canaux et autour de chaque port.

Le Canal à travers l'Isthme de Suez abrége de 3,000 lieues la traversée entre l'Europe et la mer des Indes, et économise une somme immense à la grande navigation. Aussi le péage de 10 francs par tonne, fixé par le décret de concession pour le droit de navigation à travers le Canal, est-il considéré comme modéré; appliqué cependant à un transport qui est en moyenne de 4 millions de tonnes, il est destiné à donner un revenu très-considérable, indépendamment des bénéfices produits par le canal de jonction avec le Nil et par la mise en valeur et la vente des 133,000 hectares de terres concédés.

Le capital de la Compagnie est fixé à 200 millions de francs, divisés en 400,000 actions de 500 francs chacune.

Le siége administratif de la Société est à Paris.

Il a été réservé sur le capital 35 millions au vice-roi d'Egypte, et 20 millions aux souscriptions turque et égyptienne.

Conditions de la souscription :

Le versement à effectuer en souscrivant est de 50 francs par action.

Le second versement, de 150 francs par action, devra être effectué après la publication de l'avis de répartition.

Les souscripteurs recevront, en échange des versements effectués de 200 francs par action, des récépissés provisoires nominatifs, qui seront transformés en titres au porteur dans un délai qui sera fixé últérieurement.

Pendant la durée des travaux, et à partir de la

remise des titres provisoires, les sommes versées jouiront d'un intérêt de 5 0/0 l'an.

Aucun autre appel de fonds n'aura lieu avant deux ans. Les études faites permettent d'espérer que, lorsque de nouveaux versements seront demandés, une communication entre les deux mers pourra livrer passage à la navigation.

La souscription générale sera centralisée à Paris. Un comité opérera la répartition au prorata des souscriptions totalisées sans distinction de nationalité.

La souscription, ouverte le *5 novembre*, sera close le *30 du même mois*, afin de donner à tous les Etats de l'Europe le temps de faire parvenir leurs souscriptions.

Toute souscription ou demande d'actions antérieure sera considérée comme nulle et non avenue, si avant le 30 novembre les souscripteurs n'ont pas opéré le versement de 50 francs par action.

Les souscriptions sont reçues :

A Paris, dans les bureaux de la Compagnie, *place Vendôme, 16*;

Dans les départements et a l'étranger, *chez MM. les Banquiers et Correspondants de la Compagnie.*

COMPAGNIE UNIVERSELLE DU CANAL MARITIME DE SUEZ.

SOUSCRIPTION PUBLIQUE.

(DEUXIÈME AVIS.)

Conditions de la concession :

La concession du Canal maritime est faite pour 99 ans, à dater de l'achèvement des travaux. Les terrains sont concédés à perpétuité.

La Société est constituée, avec autorisation du Gouvernement égyptien, dans la forme anonyme, par analogie aux Sociétés anonymes françaises autorisées par le Gouvernement français. Elle est régie par les principes de ces dernières Sociétés.

Les statuts de la Compagnie sont approuvés par le Vice-Roi d'Egypte.

Le siége social est à Alexandrie. Le domicile légal et attributif de juridiction et le domicile administratif sont à Paris.

Conditions de la souscription :

Le capital de la Compagnie est fixé à 200 millions de francs, divisés en 400,000 Actions de 500 francs chacune.

Le versement à effectuer en souscrivant est de 50 francs par Action.

Le second versement de 150 francs par Action devra être effectué après la publication de l'avis de répartition.

Pendant la durée des travaux, et à partir de la

remise des titres provisoires, les sommes versées jouiront d'un intérêt de 5 0/0 l'an.

Aucun autre appel de fonds n'aura lieu avant deux ans.

La souscription générale sera centralisée à Paris. Les sommes en provenant seront versées à la Banque de France ou dans ses succursales. Un comité opérera la répartition au prorata des souscriptions totalisées, sans distinction de nationalité.

La souscription, ouverte le 5 novembre, sera close le 30 du même mois.

Les souscriptions sont reçues :

A Paris, dans les bureaux de la Compagnie, place Vendôme, 16;

Dans les départements et à l'étranger, chez MM. les banquiers et correspondants de la Compagnie.

CONSTITUTION DÉFINITIVE

DE LA COMPAGNIE UNIVERSELLE DU CANAL DE SUEZ.

Par acte passé le 15 décembre 1858, devant Me Mocquard, notaire à Paris, il a été reconnu que le capital de la Compagnie, fixé à 200 millions de francs, représenté par 400,000 Actions de 500 francs (article 6 des statuts), est entièrement souscrit. A l'appui de cet acte se trouve annexé un état conforme aux déclarations individuelles de chacun des souscripteurs, constatant :

1° Les nom et demeure de chacun d'eux ;

2° Le nombre d'actions souscrites par eux.

Cet état comprend 892 pages de papier timbré. En conséquence, il a été déclaré que les opérations de la Société commençaient à partir dudit jour 15 décembre, conformément à l'article 4 des statuts.

Les actes constitutifs de la Société sont :

1° Décret de concession au profit de M. de Lesseps par S. A. le Vice-Roi d'Égypte, en date du Caire, du 30 novembre 1854 ;

2° Décret confirmatif de concession en date du 5 janvier 1856, avec un cahier des charges qui l'accompagne ;

3° Les statuts dressés à Alexandrie le 5 janvier 1856 et approuvés par S. A. le Vice-Roi d'Égypte, qui s'exprime en ces termes :

« Déclarons donner auxdits statuts notre approbation pour qu'ils soient annexés à notre acte de concession et cahier des charges, en date de ce jour. »

4° Un décret sur les ouvriers égyptiens qui seront employés à l'exécution des travaux du Canal.

Ces actes, en langue turque, sont dûment légalisés, ainsi que les traductions authentiques en langue française.

Une liste certifiée, contenant les noms et domiciles des 23,300 souscripteurs, lesquels ont adhéré auxdits statuts, ont souscrit le capital social indiqué par l'article 4 des statuts et ont, par conséquent, formé la Société existant aujourd'hui entre eux et M. Ferd. de Lesseps, mandataire et concessionnaire de S. A. le Vice-Roi d'Égypte;

6° La liste des membres du Conseil d'administration.

Ces actes et documents ont été déposés, le 15 décembre 1858, chez Me Mocquard, notaire de la Compagnie, par M. Ferdinand de Lesseps.

SÉANCES ET ACTES DU CONSEIL D'ADMINISTRATION.

La première séance du Conseil d'administration de la Compagnie du Canal maritime de Suez a eu lieu le 20 décembre 1858.

Les membres étaient au nombre de vingt-huit, et parmi eux se trouvaient des représentants de tous les principaux États de l'Europe et de l'Amérique.

M. Ferdinand de Lesseps, Président, a présenté au Conseil un exposé des faits qui se sont accomplis depuis le 14 novembre 1855 jusqu'à ce jour.

Il a ensuite proposé au Conseil d'adopter une décision par laquelle la Compagnie se déclarerait définitivement constituée, et se trouverait, par ce fait, substituée à ses droits et obligations.

Cette décision a été votée à l'unanimité.

Après l'adoption d'autres projets d'administration intérieure, M. le Président a proposé à l'Assemblée d'adresser des remercîments à Son Altesse le Vice-Roi d'Égypte et à tous ceux qui depuis l'origine ont aidé l'entreprise, tant en France qu'à l'étranger. La proposition a été accueillie par l'Assemblée.

COMPAGNIE UNIVERSELLE DU CANAL MARITIME DE SUEZ

Protecteur.

S. A. I. Monseigneur le prince JÉRÔME NAPOLÉON.

Présidents honoraires.

MM. JOMARD BEY, Président de la Société impériale de géographie, membre de l'Institut;

Le baron CHARLES DUPIN, sénateur, membre de l'Institut;

Le maréchal NARVAEZ, duc DE VALENCE.

CONSEIL D'ADMINISTRATION.

Le Conseil d'administration a été formé des principaux fondateurs et actionnaires de l'entreprise.)

Président.

M. FERD. DE LESSEPS, ministre plénipotentiaire.

Vice-Présidents.

MM. Le duc d'ALBUFERA, député au Corps législatif.

FORBES (PAUL), de la maison R. B. Forbes, banquiers à Boston (États-Unis).

Le chevalier REVOLTELLA, banquier, délégué en Autriche.

Membres.

MM. ARMAN, membre de la Chambre de commerce de Bordeaux, député au Corps législatif.

ALLÉON (JACQUES), banquier, délégué à Constantinople.

F. L. ALVARÈS D'ANDRADA, ancien diplomate portugais.

BRUSI (ANTONIO), président de la Société catalane de crédit, délégué en Espagne.

De Chancel, ancien officier de marine, inspecteur général du chemin de fer d'Orléans.

Le baron Nicolas Clary, propriétaire.

Corbin de Mangoux, conseiller à la Cour impériale de Bourges.

Couturier (Gustave), ancien banquier en Turquie, banquier à Paris.

Delamalle (Victor), propriétaire.

Deloche, ancien négociant en Turquie.

Élie de Beaumont, sénateur, secrétaire perpétuel de l'Académie des sciences.

Fleury-Hérard, banquier à Paris.

Le comte de Galbert, propriétaire, correspondant de la Compagnie dans l'*Isère*.

Jadimerowsky (Alexis), de la maison *les fils d'Alexis Jadimerowsky*, de Saint-Pétersbourg.

Lefebvre (Gabriel), propriétaire.

Le baron Jules de Lesseps, propriétaire.

De Lagau, ancien ministre plénipotentiaire.

D. A. Lange, chef de la maison *Lange Brothers et Cº*, de Londres.

D'Hoffschmidt, ancien ministre des travaux publics et des affaires étrangères, délégué à Bruxelles.

Le marquis de Pontoi-Pontcarré, membre du Conseil général d'Eure-et-Loir.

Le marquis de Pons, propriétaire.

Préfontaine, ingénieur civil, inspecteur général du chemin de fer d'Orléans.

Quesnel (Alfred), de la maison Quesnel frères, délégué au Havre.

J. Randoing, manufacturier, maire d'Abbeville, député au Corps législatif.

Le chevalier de REALI, président de la Chambre de commerce de Venise.

AM. RENÉE, député au Corps législatif.

S. W. RUYSSENAERS, consul général des Pays-Bas en Égypte.

ROUFFIO (EUG.), négociant, délégué à Marseille.

Le vicomte TIRLET, propriétaire.

Le chevalier LUIGI TORELLI, député au Parlement sarde, délégué à Turin.

W. CONRAD, commissaire de S. A. le Vice-Roi d'Egypte, près la Compagnie.

PAUL MERRUAU, secrétaire général de la Compagnie.

CONSEIL SUPÉRIEUR DES TRAVAUX.

MM. RENAUD, inspecteur général et membre du Conseil général des ponts et chaussées de France, *Vice-Président*;

CHARLES DE FOURCY, ingénieur en chef, secrétaire du Conseil général des ponts et chaussées de France (section de la navigation), *Secrétaire*;

CONRAD, inspecteur du Waterstat du royaume des Pays-Bas;

PALÉOCAPA, ancien ministre des travaux publics, ministre d'État du royaume de Sardaigne;

PASCAL, ingénieur en chef des ports de Marseille;

LAROUSSE, ingénieur hydrographe de la marine impériale;

ERNEST JOLLY, architecte;

BOURDON, chef de la section des travaux à l'Administration de la Compagnie du Canal.

CONSEIL JUDICIAIRE.

MM. Senard, avocat à la Cour impériale de Paris, *Vice-Président*;

Paul Fabre, avocat au Conseil d'État et à la Cour de cassation;

Champetier de Ribes, avocat à la Cour impériale de Paris;

Fréville, agréé au Tribunal de commerce de Paris;

Mocquard, notaire à Paris;

Denormandie, avoué près le Tribunal de première instance de la Seine;

Moreau, avoué près la Cour impériale de Paris;

A. Belland, ancien avoué, chef du contentieux à l'Administration de la Compagnie, *Secrétaire*.

CONSEIL D'ADMINISTRATION

DE LA COMPAGNIE UNIVERSELLE DU CANAL DE SUEZ.

APPEL DE FONDS.

Par décision du Conseil d'administration du 24 décembre 1858, MM. les actionnaires du Canal maritime de Suez sont prévenus que le capital social a été intégralement souscrit.

Il est attribué à chaque actionnaire la totalité de sa souscription.

Le versement de 150 francs, exigible conformément aux avis publiés pour les conditions de la souscription, sera effectué de la manière suivante, savoir .

1° 50 francs du 17 au 31 janvier 1859;

2° 50 francs en juillet 1859;

3° 50 francs en janvier 1860.

Aucun autre appel de fonds ne sera fait avant l'année 1861.

Conformément à l'article 10 des statuts, il sera délivré contre le versement de janvier 1859 des certificats nominatifs provisoires.

Ces certificats nominatifs seront échangés contre des titres au porteur après le versement de 150 francs par Action (article 12 des statuts). Ceux de MM. les actionnaires qui désireraient se libérer par anticipation jusqu'à concurrence soit de 150 francs, soit de 200 francs, seront admis à le faire, avec jouissance des intérêts statutaires et recevront des titres au porteur.

EXTRAIT DES DÉLIBÉRATIONS

DE LA PREMIÈRE ASSEMBLÉE GÉNÉRALE DES ACTIONNAIRES.

(15 mai 1860.)

I.

L'Assemblée,

Sur l'exposé et les propositions développées dans le rapport de M. le Président,

Décide :

Une réunion composée de trois actionnaires est chargée de vérifier les comptes présentés par le Conseil d'administration, et de faire un rapport spécial à la prochaine Assemblée générale sur le résultat de cette vérification.

II.

L'Assemblée,

Sur la proposition de M. le Président,

Vu les statuts de la Société, notamment les articles 24 et 29;

Statuant sur l'application de ces articles :

Fixe à 205,000 francs l'allocation annuelle attribuée aux membres du Conseil d'administration et du Comité de direction, pour tenir lieu de la part de 3 0/0 dans les bénéfices qui leur sont réservés par les statuts.

DÉCRET

ADMETTANT LES COMPAGNIES ANONYMES AUTORISÉES EN TURQUIE ET EN ÉGYPTE A EXERCER LEURS DROITS EN FRANCE.

Napoléon, par la grâce de Dieu et la volonté nationale, empereur des Français,

A tous présents et à venir, salut :

Sur le rapport de notre Ministre secrétaire d'État au département de l'agriculture, du commerce et des travaux publics;

Vu la loi du 30 mai 1857, relative aux Sociétés anonymes et autres associations commerciales, industrielles ou financières légalement autorisées en Belgique, et portant qu'un décret impérial, rendu en Conseil d'État, peut en appliquer le bénéfice à tous autres pays;

Vu les lettres de notre Ministre secrétaire d'État au département des affaires étrangères, en date des 15 et 31 janvier dernier;

Notre Conseil d'État entendu,

Avons décrété et décrétons ce qui suit :

Art. 1er. — Les Sociétés anonymes et les autres Associations commerciales, industrielles ou financières qui sont soumises, en Turquie et en Égypte, à l'autorisation du Gouvernement et qui l'ont obtenue, peuvent exercer tous leurs droits et ester en justice en France, en se conformant aux lois de l'empire.

Art. 2. — Notre Ministre secrétaire d'État au département de l'agriculture, du commerce et des travaux publics est chargé de l'exécution du présent décret, qui sera publié au *Bulletin des lois* et inséré au *Moniteur*.

Fait au palais des Tuileries, le 7 mai 1859.

NAPOLÉON.

Par l'Empereur :

Le Ministre secrétaire d'État au département de l'agriculture, du commerce et des travaux publics,

E. ROUHER.

PREMIÈRE CONVENTION FINANCIÈRE

Du 6 août 1860

PORTANT PREMIER RÈGLEMENT DE COMPTE AVEC LE GOUVERNEMENT ÉGYPTIEN AU SUJET DE SA SOUSCRIPTION.

Dans la présente pièce est consignée la convention suivante à l'effet de porter les actions de la Compagnie du Canal de Suez, qui devront être inscrites au nom de S. A. le Vice-Roi, au nombre de 177,642 actions.

Art. 1er. — Montant des deux premiers dixièmes, paiements effectués sur ce montant et le solde ; le tout sauf erreur et omission.

Il sera porté dans les registres de la Compagnie, au débit de S. A. le Vice-Roi, à dater du 1er janvier 1859, le montant des deux dixièmes sus-mentionnés s'élevant, à raison de 100 francs par action, à............Fr. 17.764.200 »

A déduire la somme qui doit être passée au crédit de Son Altesse, dans les registres de la Compagnie, pour capital et intérêts des paiements déjà faits à la Compagnie par l'entremise de la maison Ruyssenaërs frères.................... 2.394.914 52

Reste pour solde dû par Son Altesse..........................Fr. 15.369.285 48

A déduire les intérêts dus à Son Altesse sur les sommes payées par Elle depuis le 1er janvier 1859 jus-

qu'au 31 décembre 1859.......Fr.	121.242 60
Reste pour solde dû à la Compagnie.......................Fr.	15.248.042 88

Ce solde sera remboursé de la manière suivante, sauf erreur à établir s'il y a lieu :

Art. 2. — La somme de 15,248,042 fr. 88 c. précitée sera remboursée à la Compagnie en *Sanad talab* (Obligations) sur le Trésor égyptien aux échéances indiquées plus bas, avec un compte d'intérêts à raison de 10 0/0 l'an depuis le 1er janvier 1860 jusqu'aux dates des paiements desdits *Sanad* (Obligations) comme suit :

2.305.125 »	du 15 janvier 1863 au 8 décembre 1863, répartis en neuf paiements chacun de 256,125 francs.
4.314.305 96	du 15 janvier 1864 au 8 décembre 1864, répartis en neuf paiements chacun de 479,367 fr. 33 c.
4.314.305 96	du 15 janvier 1865 au 8 décembre 1865, répartis en neuf paiements chacun de 479,367 fr. 33 c.
4.314.305 96	du 15 janvier 1866 au 8 décembre 1866, répartis en neuf paiements chacun de 479,367 fr. 33 c.
15.248.042 88	

Art. 3. — Les *Sanad talab* (Obligations) susmentionnés seront acceptés par la Compagnie comme numéraire, et par conséquent leur montant sera passé au crédit du compte courant de Son Altesse à partir du 1er janvier 1860.

Art. 4. — Le montant des deux premiers dixièmes des Actions susénoncées se trouvant ainsi soldé, un intérêt de 5 0/0 l'an sera passé au crédit de S. A. le Vice-Roi à partir du 1er janvier 1860, et réglé par semestres au 1er janvier et au 1er juillet. Le produit de cet intérêt sera déduit des 10 0/0 d'intérêt à calculer sur le montant des *Sanad* dont il est fait mention à l'article 2.

Art. 5. — Conformément aux articles qui précèdent, la Compagnie doit livrer à S. A. le Vice-Roi, des Actions équivalentes au montant des sommes ainsi payées par Elle.

Art. 6. — Les huit dixièmes restant du montant des actions ci-dessus indiquées ne seront payés par S. A. le Vice-Roi qu'à partir du 1er janvier 1867 et jusqu'au 15 janvier 1875, par huitième chaque année à répartir également sur chaque mois de l'année. Le paiement de ces huit dixièmes sera réglé par des *Sanad talab* (Obligations) sur le Trésor égyptien aux échéances indiquées dans le présent article, portant un intérêt égal à celui que doivent porter les actions dont elles sont l'équivalent, de telle sorte qu'il y ait compensation d'intérêts des deux côtés.

Fait double à Alexandrie, le 18 moharren 1277 (correspondant au 6 août 1860).

Pour la Compagnie universelle du Canal de Suez et au nom du Conseil d'administration :

Le Président-Fondateur.

Pour M. Ferdinand de Lesseps, Président de la Compagnie du Canal de Suez, et par procuration spéciale.

Les Administrateurs délégués,

Signé : A. DE CHANCEL,

P. GIRARDIN.

Cachet du Ministre des Finances.

Vu pour légalisation du cachet ci-dessus de S. Exc. Ragheb-Pacha, Ministre des Finances.

Alexandrie, le 9 août 1860.

Le Ministre des Affaires étrangères,

Signé : SHÉRIF-PACHA.

Vu pour légalisation de la signature ci-dessus de S. Exc. Shérif-Pacha, Ministre des Affaires étrangères de S. A. le Vice-Roi d'Égypte.

Alexandrie, le 10 août 1860.

L'agent et consul général de France à

Signé : BECLARD.

CONVENTION DU 18 MARS 1863,

ENTRE LE GOUVERNEMENT ÉGYPTIEN ET LA COMPAGNIE UNIVERSELLE DU CANAL MARITIME DE SUEZ, POUR LA CONSTRUCTION DU CANAL D'EAU DOUCE DU CAIRE AU OUADY.

EXPOSÉ.

Aux termes des actes du gouvernement égyptien des 30 novembre 1854 et 5 janvier 1856, portant concession et cahier des charges pour la construction, à travers l'Isthme de Suez, d'un canal maritime avec ports et les canaux d'irrigation et d'alimentation en dépendant,

La Compagnie, en ce qui concerne spécialement le Canal d'eau douce dérivé du Nil, a l'obligation — conformément aux articles 1er, 4 et 7 de l'acte du 5 janvier 1856 — de creuser ce Canal depuis le Caire jusqu'à Timsah, pour la navigation fluviale, avec dérivation, pour irrigation et alimentation, de Timsah à Port-Saïd et de Timsah à Suez, et d'entretenir lesdits canaux en bon état.

En outre, la Compagnie a le droit, aux termes des articles 10 et 12 dudit acte, de réclamer du Gouvernement égyptien :

1° L'abandon, sans aucun impôt ni redevance, de tous les terrains n'appartenant pas à des particuliers, qui seront nécessaires à l'établissement de ces canaux;

2° La jouissance de tous les terrains incultes, n'appartenant pas à des particuliers, qui seraient arrosés et mis en culture par ses soins, avec exemption d'impôts pendant dix ans; lesdits terrains étant soumis, après ce terme, aux obligations et aux impôts auxquels seront soumises, dans les mêmes circonstances, les terres des autres provinces d'Égypte ;

3° La livraison des terrains de propriété particulière dont la possession est nécessaire à l'exécution des travaux et à l'exploitation des concessions, à la charge par la Compagnie de payer aux ayants droit de justes indemnités fixées au besoin par arbitrage.

Enfin, aux termes des articles 8 et 17 dudit acte de concession, la Compagnie est autorisée à percevoir des droits de navigation, de remorquage ou de stationnement, pour le passage dans ces canaux, et pour toutes les prises d'eau accordées, à la demande des particuliers riverains, un droit proportionnel à la quantité d'eau absorbée et à l'étendue des terrains arrosés, suivant un tarif fixé par la Compagnie.

M. Ferdinand de Lesseps, président-fondateur de la Compagnie concessionnaire, ayant représenté à Son Altesse que la prise d'eau provisoire établie sur le canal de Zagazig allait devenir insuffisante pour la sécurité de l'alimentation du Canal d'eau douce jusqu'à Suez, et que la Compagnie était dans la nécessité de pourvoir, à ce sujet, aux besoins de la concession, en exécutant dans les conditions rappelées ci-dessus, la partie de son canal dérivé du Nil, depuis le fleuve jusqu'à Ouady-Toumilat, avec une prise d'eau spéciale, directe et permanente, au Caire, ou près du Caire,

Il a été reconnu par Son Altesse et par M. de Lesseps que les moyens de construction de cette partie du Canal, par les soins et au compte de la Compagnie, notamment en ce qui concerne l'expropriation et la prise de possession des terrains appartenant à des particuliers, donneraient lieu à des questions d'administration intérieure fort complexes et fort graves, et dont il est désirable pour le Gouvernement égyptien de se réserver la libre solution, suivant les lois et les coutumes du pays.

En conséquence de cet exposé, et pour éviter, dans l'exercice des droits et intérêts de la Compagnie, toute difficulté et en même temps pour respecter les convenances du Gouvernement égyptien, il a été convenu et stipulé ce qui suit :

Entre Son Exc. Nubar-Bey, agissant au nom du Gouvernement égyptien, en vertu des pouvoirs qui lui sont conférés par Son Altesse le Vice-Roi, suivant ordre de Son Altesse en date du 16 du présent mois,

D'une part ;

Et M. Ferdinand de Lesseps, Président-fondateur de la Compagnie universelle du Canal maritime de Suez, agissant en vertu des pouvoirs spéciaux dont il est investi au nom de ladite Compagnie,

D'autre part :

CONVENTION

Art. 1er. — La Compagnie renonce au droit qui résulte pour elle des actes de sa concession, à l'effet d'établir par elle-même au Caire la prise d'eau de son Canal dérivé du Nil, et de prendre possession des terrains nécessaires à la construction de ce Canal depuis le Caire jusqu'à sa jonction au point qui sera déterminé par les ingénieurs de la

Compagnie dans le Ouady avec le Canal du Ouady, déjà ouvert à la navigation.

En outre, la Compagnie s'engage à donner à la dérivation actuellement en construction, depuis Nefiche jusqu'à Suez, des dimensions suffisantes pour que cette dérivation ne soit pas seulement propre à l'irrigation et à l'alimentation, comme il est stipulé au cahier des charges, mais pour qu'elle soit en même temps, propre à la navigation fluviale.

Art. 2. — Comme compensation des dérogations consenties par la Compagnie aux droits de son acte de concession stipulées à l'article ci-dessus, le Gouvernement égyptien s'oblige et s'engage à établir la jonction au Nil du Canal d'eau douce de la Compagnie, avec prise d'eau directe, spéciale et permanente, au Caire, et raccordement au Canal du Ouady; le tout, dans les conditions stipulées dans l'acte de concession du 5 janvier 1856, et notamment sous les conditions ci-après :

1° Le Canal sera construit, et les prises d'eau du Caire établies, suivant le programme de la Commission internationale, dans les dimensions, d'après les tracés et sur les plans qui seront arrêtés par le Directeur général des travaux de la Compagnie et approuvés par le Gouvernement de Son Altesse.

2° L'exécution des travaux sera suivie et contrôlée par les ingénieurs de la Compagnie, qui seront appelés à constater la bonne construction de tous les ouvrages.

3° Les travaux devront être commencés dès que la remise des plans aura été faite par la Compagnie aux services de Son Altesse le Vice-Roi. — Ils seront conduits de manière à être achevés autant que possible dans une seule campagne, c'est-à-dire dans des conditions telles, que l'alimentation du Canal de la Compagnie, à partir du Ouady, soit assurée d'une manière complète et permanente avant le mois de mars 1864.

4° Le canal de jonction du Nil au canal du Ouady, construit par le Gouvernement égyptien aux lieu et place de la Compagnie du Canal de Suez, sera soumis à toutes les servitudes qui devaient être attachées à ce canal, s'il eût été construit par la Compagnie elle-même, c'est-à-dire qu'il sera constamment entretenu en bon état, de manière à fournir la quantité d'eau nécessaire en toute saison, les irrégularités du Nil étant prises en considération, et que sa prise d'eau sera principalement et spécialement affectée à l'alimentation des canaux de la Compagnie.

Art. 3. — Le Gouvernement égyptien, propriétaire de la prise d'eau au Nil et du parcours du canal d'eau douce d'alimentation, longeant les terres cultivées de l'Égypte jusqu'au Ouady, s'engage à ne pas percevoir, spécialement à ce canal, de droit de navigation sur les bâtiments et barques qui se rendront dans les canaux fluviaux du Ouady jusqu'à Suez, ou qui en reviendront.

Art. 4. — A défaut, par l'une ou l'autre des parties contractantes, d'exécuter les clauses et conditions qui précèdent, sauf le cas de force majeure, une commission de quatre membres, dont deux désignés par chacune des parties, et qui auront à nommer un président (cinquième membre), statuera s'il y a des dommages, et fixera, dans ce cas, la somme d'indemnité à payer ou déterminera les mesures à prendre d'urgence.

Fait double au Caire, le 18 mars 1863.

Signé : N. NUBAR,

FERD. DE LESSEPS.

DEUXIÈME CONVENTION FINANCIÈRE

Du 20 mars 1863

POUR LE RÈGLEMENT DU SOLDE DES VERSEMENTS EXIGIBLES SUR LES ACTIONS SOUSCRITES PAR LE TRÉSOR ÉGYPTIEN.

En exécution des engagements contractés par le Gouvernement égyptien, il a été convenu entre S. A. le Vice-Roi et la Compagnie universelle du Canal maritime de Suez, de liquider de la manière suivante la participation du Gouvernement égyptien dans la souscription du capital de la Compagnie.

EXPOSÉ.

Le compte des souscriptions du Gouvernement égyptien au capital de la Compagnie du Canal de Suez, réglé au 1er janvier dernier, s'établit de la manière suivante,

Savoir :

Le Gouvernement égyptien est souscripteur de *cent soixante dix-sept mille six cent quarante-deux actions.*

Les 300 francs par action, appelés jusqu'à ce jour, constituent, pour ce nombre d'actions, un débit total de....................Fr. 53.292.600 »
d'où il y a lieu de déduire :

1° Le montant des avances faites par le Trésor égyptien pour études, travaux préparatoires, achat de matériel et toutes dépenses antérieures à la formation de la Société, suivant compte arrêté au 1er janvier 1860.......Fr. 2.516.157 12

2° Les intérêts à 5 0/0 de ladite somme du 1er janvier 1860 au 1er janvier 1863 pour les coupons semestriels acquis aux versements que cette somme représente à titre d'à-compte sur le premier appel de fonds de 100 fr. fait à l'époque de la souscription, soit trois ans 377.423 35

3° Le montant en capital des obligations déjà remises à la Compagnie (valeur du 1er janvier 1860) pour le solde du premier appel de fonds de 100 francs par action, ci.........Fr. 15.248.042 10

18.141.622 57

Reste au débit du Gouvernement égyptien, à la date du 1er janvier 1863 (les intérêts dus pour ce capital étant compensés par les coupons semestriels des actions qu'ils représentent), la somme nette, sauf erreur ou omission, de..............Fr. 35.150.977 43

Considérant qu'il y a lieu de satisfaire à deux intérêts : le premier, de libérer le Gouvernement égyptien envers la Compagnie, suivant les ressources et la convenance de son Trésor, en le plaçant dans une position égale à celle de tous les autres actionnaires, de telle sorte qu'il puisse avoir la libre disposition de ses titres ;

Le second, de mettre la Compagnie à même de réaliser son capital suivant ses besoins ;

Il a été convenu et stipulé,

Entre S. Exc. Nubar-Bey, agissant au nom du Gouvernement égyptien, en vertu des pouvoirs qui lui ont été conférés par ordre de Son Altesse, en date de ce jour,

D'une part ;

Et M. Ferdinand de Lesseps, Président-Fondateur de la Compagnie universelle du Canal maritime de Suez, agissant en vertu des pouvoirs spéciaux dont il est investi au nom de la Compagnie,

D'autre part :

CONVENTION.

Art. 1er. — La Compagnie conserve, avec la faculté d'en opérer la coupure et d'en faire la négociation à sa convenance, la libre disposition des obligations du Trésor égyptien qui lui ont été déjà remises, conformément à la convention du 6 août 1860.

Art. 2. — Pour effectuer le solde des deuxième et troisième versements de 100 francs, exigibles sur les 177,642 actions dont il est souscripteur, et qui s'élèvent, suivant le compte établi ci-dessus, au

1er janvier 1863, au capital de 35,150,977 fr. 23 c., le Gouvernement égyptien s'engage à payer à la Compagnie, à dater du 1er janvier 1864, et de mois en mois jusqu'à complète libération, la somme de 1,500,000 francs (quinze cent mille francs) par mois.

Il est bien entendu que, conformément aux conventions antérieures, les sommes payées par le Trésor égyptien seront, au fur et à mesure de leur encaissement par la Compagnie, passées au crédit du compte des souscriptions ouvert à Son Altesse, et porteront les intérêts à 5 0/0 l'an acquis aux coupons semestriels dus sur les actions; les intérêts dus réciproquement pour le surplus étant compensés.

Art. 3. — Le Gouvernement égyptien se réserve la faculté, lorsque les convenances de son Trésor le réclameront, de remettre à la Compagnie le montant des paiements mensuels stipulés ci-dessus en bons du Trésor négociables et sous les conditions ci-après :

1° Les frais d'escompte et de négociation seront au compte du Gouvernement égyptien, de telle sorte que la Compagnie touche toujours intégralement et en espèces le montant des paiements auxquels elle a droit;

2° Les bons seront remis à la Compagnie, aux mains de l'Administrateur, agent supérieur en Égypte, un mois au moins avant la date du paiement qu'ils auront pour objet de représenter, à défaut de quoi, le paiement sera exigible par la Compagnie, à sa date et en espèces.

Art. 4. — Pour les deux autres cinquièmes, le Gouvernement égyptien se réserve le droit, lorsque la Compagnie en fera l'appel à ses actionnaires, de prendre, d'accord avec elle, tels arrangements qui conviendront à l'état de son Trésor.

Fait double au Caire, le vingt mars mil huit cent soixante-trois.

Signé : N. NUBAR,

FERD. DE LESSEPS.

CONSEIL D'ADMINISTRATION

DE LA

COMPAGNIE DU CANAL MARITIME DE SUEZ

Séance extraordinaire du 29 octobre 1863.

RÉSOLUTION.

Le Conseil :

Ayant reçu, dans sa précédente séance du 13 de ce mois, communication de la lettre adressée à M. le Président par S. Exc. Nubar-Pacha, envoyé de S. A. le Vice-Roi d'Égypte, et dont la teneur suit :

« Paris, 12 octobre 1863.

« Monsieur le Président,

» Les propositions que S. A. le Vice-Roi m'a chargé » de faire à la Compagnie par sa lettre du 18 août » qui m'accrédite auprès de vous, sont les sui- » vantes :

» Réduction du nombre actuel des ouvriers au » chiffre de six mille hommes; le nombre actuel » des contingents étant, sous tous les rapports, » préjudiciable au pays et aux intérêts de l'agricul- » ture.

» Ce contingent de six mille hommes serait fourni » pour concourir aux travaux d'une manière per- » manente.

» Augmentation du salaire actuel, qui n'est point » rémunérateur. Le Vice-Roi croit juste, équitable et » nécessaire que ce salaire soit porté à 2 francs par » jour; il considère ce chiffre comme rémunérant le

» fellah de son travail et de son absence forcée de
» son village et de son champ.

» Suppression de la concession des terrains. Le
» Vice-Roi offre, comme compensation, de prendre
» pour compte de son Gouvernement tout le canal
» d'eau douce, ainsi que cela a déjà eu lieu pour la
» partie du Caire au Ouady; de rembourser à la
» Compagnie les frais qu'elle a faits pour la partie
» déjà creusée de ce canal, et de le terminer jus-
» qu'à Suez, en se conformant aux dimensions de
» largeur et de profondeur établies.

» Ces propositions, Monsieur le Président, sont
» faites dans l'intérêt de l'Égypte aussi bien que dans
» celui de la grande entreprise que vous poursuivez
» d'accord avec Son Altesse. Ces deux intérêts n'ont
» jamais été séparés par le Vice-Roi, qui les a toujours
» considérés comme étroitement liés ensemble.

» Veuillez, etc.

» *Signé* : NUBAR. »

Le Conseil ayant, en outre, reçu communication d'une seconde lettre de S. Exc. Nubar-Pacha ainsi conçue :

« Paris, 25 décembre 1863.

» Monsieur le Président,

» Par la lettre que vous m'avez fait l'honneur de
» m'adresser le 25 courant, vous m'informez que
» plusieurs membres du Conseil d'administration
» vous ont fait remarquer que ma lettre du 12 du
» même mois n'expliquerait pas suffisamment si la
» suppression de la concession des terrains s'appli-

» querait également au canal d'eau douce d'alimen-
» tation, entre le Ouady et Suez, et vous me deman-
» dez de préciser le point qui serait douteux à leurs
» yeux.

» Je viens, en conséquence, Monsieur le Président,
» pour satisfaire au désir des membres du Conseil,
» expliquer d'une manière formelle que la suppres-
» sion de la concession des terrains est générale et
» entraîne naturellement celle du canal d'alimenta-
» tion du Ouady à Suez.

» J'avais pensé d'ailleurs, en me servant de l'ex-
» pression de suppression de la concession des ter-
» rains, lever toute ambiguïté, et c'est dans ce sens
» général que vous l'avez comprise vous-même,
» puisque cette question des terrains est un des
» points dont la solution forme l'objet de la mission
» dont S. A. le Vice-Roi m'a chargé par sa lettre
» du 18 août.

» Veuillez, etc.

» *Signé :* Nubar. »

Après en avoir délibéré dans la séance de ce jour :

Vu les deux actes de concession des 30 novembre 1854 et 5 janvier 1856;

Vu le règlement sur l'organisation du travail égyptien dans l'isthme, en date du 20 juillet 1856;

Vu les prospectus et publications relatifs à la souscription du fonds social ouverte le 5 novembre 1856;

Vu l'acte de constitution de la Société passé par Me Mocquard et son collègue, sous la date du 15 décembre 1858, transmis au Gouvernement égyptien et approuvé par lui;

Vu la convention passée entre S. A. Ismaïl-Pacha et la Compagnie, en date du 18 mars 1863, sur la prise d'eau du canal d'eau douce au Caire,

Considérant :

Que S. A. Mohammed-Saïd, vice-roi d'Égypte, voulant faire exécuter le Canal maritime de Suez, a donné à M. Ferdinand de Lesseps le mandat d'organiser une Compagnie financière au moyen d'un appel aux capitaux de toutes les nations;

Que, pour obtenir le concours de ces capitaux, Son Altesse a dû déterminer par divers actes ci-dessus visés, les conditions, faveurs et avantages qui seraient assurés aux souscripteurs en compensation des risques de l'entreprise et en rémunération des dépenses à faire pour son exécution;

Qu'au nombre de ces conditions figurent les suivantes, qui sont fondamentales, savoir :

1° La concession d'un canal d'eau douce dérivé du Nil et destiné à mettre le Canal maritime en communication avec l'intérieur de l'Égypte.

2° La concession des terres incultes que la Compagnie pourra féconder par le canal d'eau douce.

3° L'engagement pris par le Gouvernement égyptien de fournir à la Compagnie, à un prix convenu et fixé d'avance par ce Gouvernement lui-même, les ouvriers du pays nécessaires à l'exécution des travaux;

Que sous l'empire de ces conventions auxquelles a été donnée la publicité la plus grande, sans aucune protestation ni réserve de la part de qui que ce soit, la souscription ayant été ouverte, 25,000 souscripteurs ont répondu à l'appel du prince, et la Compagnie a été constituée ;

Que lesdites conventions, librement proposées et acceptées, engagent les souscripteurs envers le Gouvernement égyptien, et le Gouvernement égyptien envers les souscripteurs,

Considérant :

Que le Conseil ne pourrait accepter des dérogations à ce contrat que si elles étaient justifiées par des nécessités et des avantages évidents, et si elles n'étaient pas contraires aux intérêts de l'œuvre du percement de l'isthme;

Considérant :

Que les dérogations proposées ne se justifient par aucune nécessité, et qu'elles sont en outre incompatibles avec la poursuite efficace des travaux de la Compagnie.

En ce qui touche la réduction du nombre des ouvriers.

Considérant :

Que S. A. Mohammed-Saïd s'est proposé principalement de sauvegarder les intérêts de l'agriculture, lorsqu'il a rendu le décret précité, relatif à l'organisation du travail des ouvriers indigènes dans l'isthme, et que sa sollicitude à cet égard est constatée par le préambule de cet acte, ainsi conçu :

« Nous, Mohammed-Saïd-Pacha, vice-roi d'Égypte, » *voulant assurer l'exécution des travaux du Canal* » *maritime de Suez, pourvoir au bon traitement des ou-* » *vriers égyptiens qui y sont employés, et* VEILLER EN

» MÊME TEMPS AUX INTÉRÊTS DES CULTIVATEURS, PROPRIÉ-
» TAIRES ET ENTREPRENEURS DU PAYS, avons établi, de
» concert avec M. Ferd. de Lesseps, comme Prési-
» dent-Fondateur de la Compagnie universelle dudit
» Canal, les dispositions suivantes... : »

Considérant :

Que le prince a atteint son but, puisque jamais à une autre époque de son histoire moderne, l'agriculture égyptienne n'a été aussi prospère que dans les trois années qui ont suivi l'application du décret dont il s'agit;

Que sur une population de cinq millions de fellahs les vingt mille ouvriers du Canal de Suez représentent un individu mâle de quinze à soixante ans pour deux cent cinquante habitants;

Que S. A. le Vice-Roi, s'étant rendu dans l'isthme accompagné de ses principaux fonctionnaires, des membres de son Conseil de Gouvernement, et d'un prince de sa famille, a fixé lui-même à vingt mille hommes, au minimum, le contingent d'ouvriers à fournir à la Compagnie, promettant de porter ce contingent à quarante mille hommes dans des circonstances exceptionnelles;

Que, dans la même pensée, Son Altesse a réduit son armée de trente mille à dix mille soldats, afin de restituer à l'agriculture vingt mille hommes de dix-huit à vingt-cinq ans à la place des vingt mille hommes de quinze à soixante ans qu'il lui empruntait pour le Canal;

Qu'il n'est nullement question de la suppression du travail obligatoire, comme on a tenté de le faire croire au public, suppression impossible en Égypte dans l'état présent des mœurs de la population et des besoins du pays, puisqu'il s'agit non d'un principe, mais d'un chiffre; non d'une réforme générale, mais du remaniement d'un contrat particulier;

Qu'en effet, la proposition consiste à réduire à six mille le nombre des ouvriers égyptiens employés dans l'isthme, ce qui porterait de trois à dix ans la durée du travail des contingents, sans diminuer la somme totale du travail qu'ils auraient à exécuter;

Que la population égyptienne ne gagnerait rien à ce changement, tandis qu'il est évident qu'une telle lenteur infligée aux opérations de la Compagnie serait désastreuse pour ses intérêts;

Que les pertes qu'elle aurait à subir affecteraient notamment le Trésor égyptien, en sa qualité d'actionnaire de l'entreprise pour 88 millions et de bénéficiaire de 15 0/0 sur les revenus de l'exploitation;

Que le commerce et la navigation du monde, l'Égypte elle-même, auraient à souffrir de cet ajournement dont ils feraient peser sur le Gouvernement égyptien la responsabilité morale, et les souscripteurs, la responsabilité financière, puisqu'il aurait empêché l'œuvre de s'achever dans les limites de temps prévues;

Considérant :

Que la nécessité où se trouve la Compagnie d'employer des ouvriers égyptiens lui a été imposée par l'initiative du Gouvernement même de l'Égypte;

Qu'en effet, l'acte définitif de concession en date

du 5 janvier 1856 contient cette disposition prohibitive :

« *Dans tous les cas,* LES QUATRE CINQUIÈMES AU MOINS » DES OUVRIERS *employés à ces travaux* SERONT ÉGYP- » TIENS. »

Que cette disposition tendait surtout à donner à certaines défiances extérieures des garanties contre le rassemblement d'un corps nombreux d'ouvriers étrangers dans l'isthme, rassemblement que l'on représentait bruyamment comme devant menacer l'indépendance du pays;

Que tel fut le principe du règlement sur les ouvriers, le Gouvernement ayant reconnu qu'il devait à la Compagnie les terrassiers indigènes requis pour l'exécution de son œuvre, puisqu'il lui interdisait de les rechercher au dehors, et sachant parfaitement qu'elle ne pourrait se les procurer dans le pays, s'il ne les fournissait lui-même;

Qu'en conséquence, dans sa loyauté et sa sollicitude pour le succès de l'entreprise, le Gouvernement égyptien dut prendre et prit par l'article 1er du règlement précité cet engagement net et formel :

« *Les ouvriers qui seront employés au Canal de Suez* » *seront fournis par le Gouvernement égyptien, d'après* » *les demandes des ingénieurs en chef, et* SUIVANT LES » BESOINS ; »

Que, dès lors, la Compagnie, assurée de l'exécution de ses travaux, — ce sont les paroles de Mohammed-Saïd,— renonça à toute tentative de recrutement extérieur;

Que, depuis sa mise en vigueur jusqu'à ce jour, le règlement sur les ouvriers a été exécuté sans interruption, d'accord entre les parties contractantes, successivement par S. A. Mohammed-Saïd et S. A. Ismaïl;

Considérant :

Que, tout en conservant la sécurité essentielle que lui assure le règlement du 20 juillet 1856, la Compagnie a intérêt à substituer, autant que possible, l'emploi du travail mécanique à celui du travail manuel;

Que cet intérêt est encore stimulé par son ardent et respectueux désir de se prêter, dans toute la mesure des possibilités, aux vues de Son Altesse;

Qu'elle n'a épargné jusqu'ici ni peines ni dépenses pour rechercher et éprouver tous les moyens capables de remplacer les ouvriers par les machines; qu'elle a fait des essais longs et coûteux, afin d'utiliser, pour l'élévation et le transport des terres, des machines de toute espèce;

Que dans ce but, elle a effectué, à grands frais, l'acquisition de quarante-quatre dragues qui lui permettent de limiter ses besoins aux contingents actuels;

Qu'elle vient encore de conclure un traité avec un entrepreneur spécial, qui s'oblige à achever le percement du seuil d'El-Guisr par l'opération exclusive de ses propres ouvriers et de ses excavateurs mécaniques;

Que, par ce marché, la somme de travail encore afférente aux fellahs se trouve diminuée d'un tiers ou d'environ 10 millions de mètres cubes;

Que la Compagnie s'applique activement à obtenir

avec d'autres contractants des résultats semblables pour le seuil du Sérapéum;

Qu'elle a donc lieu d'entrevoir dans l'avenir le moment où elle pourra elle-même solliciter la réduction des contingents;

Qu'elle s'engage à ne rien négliger pour atteindre ce but;

Mais qu'elle doit se réserver tous les moyens en sa possession pour assurer le prompt achèvement de son œuvre, et par conséquent garder intactes, jusqu'à ce qu'il en puisse être disposé autrement, les conventions qui sont sa principale garantie sur ce point capital.

En ce qui concerne la demande d'augmentation de salaires.

Considérant :

Qu'en 1856 le chef du Gouvernement égyptien a déterminé et fixé lui-même, dans le règlement du 20 juillet 1856, les conditions de salaire auxquelles il s'obligeait à fournir les travailleurs par le premier paragraphe de l'article 2 ainsi conçu :

« *La paie allouée aux ouvriers sera fixée suivant* » *les prix payés en moyenne pour les travaux des par-* » *ticuliers, à la somme de 2 piastres et demie à 3 pias-* » *tres, non compris les rations, qui seront délivrées en* » *nature par la Compagnie pour la valeur d'une pias-* » *tre.* »

Qu'en réalité ce prix total de 4 piastres formait le double du salaire moyen que gagnait, dans les autres parties du pays, le journalier indigène;

Qu'outre ce salaire, relativement élevé, le contrat a imposé à la Compagnie les charges suivantes :

La fourniture gratuite de l'eau nécessaire aux besoins des travailleurs. Ce seul chapitre de dépense pour les dix-huit mille hommes qui ont exécuté la première tranchée du seuil d'El-Guisr en huit mois, donne un total de 600,000 francs ;

L'établissement d'ambulances et hôpitaux, l'achat des médicaments et l'organisation du personnel médical et pharmaceutique nécessaire pour traiter les malades aux frais de la Compagnie. Afin de rendre cette mesure d'humanité efficace, la Compagnie dépense 350,000 francs par an ;

Le paiement aux malades de la moitié du prix de leur journée ;

L'approvisionnement dans le désert des vivres et objets de consommation, lequel a nécessité la formation d'un service dispendieux d'intendance et de transports.

Considérant :

Que lors de son voyage dans l'isthme, S. A. Mohammed-Saïd voulut elle-même déterminer sur les lieux la tâche dévolue à chaque contingent, et que la mesure en fut bien modérée, puisque, établie sur le principe de trente journées, elle est habituellement accomplie en vingt-deux, vingt et parfois même en quinze jours ; que le prince fixa la nature et la quantité de la ration et régla le prix de la tâche de manière à faire jouir l'ouvrier du maximum de paie quotidienne indiquée par les conventions ;

Qu'en dehors des diverses charges prévues par le règlement la Compagnie est prête à prouver que le prix effectivement reçu par les travailleurs dépasse le maximum fixé en 1856 et coûte à la Compagnie 1 fr. 50 c. par homme et par journée de travail.

Considérant :

Qu'en supposant que depuis 1856 le cours des salaires se soit élevé en Egypte, cette circonstance n'autoriserait pas le gouvernement à exiger une élévation dans les prix débattus et convenus; car, à coup sûr, si le cours des salaires eût baissé, la Compagnie ne serait pas admise à réclamer une modification du contrat dans le sens de cette baisse. Elle n'en aurait jamais eu la pensée;

Que toutefois le salaire de 4 piastres est encore aujourd'hui double de celui qu'on alloue en moyenne aux terrassiers égyptiens employés par les particuliers;

Que ce salaire de 4 piastres est le prix payé par S. A. le Vice-Roi lui-même aux ouvriers qu'il fait venir du Caire dans la haute Egypte pour ses grandes fabriques de sucre.

Considérant :

Que si le gouvernement égyptien s'est engagé, à ses risques et périls, à fournir à l'entreprise les ouvriers dont elle a besoin, la Compagnie n'en est pas moins disposée à montrer sa profonde et sympathique déférence pour Son Altesse en se prêtant aux sacrifices pécuniaires qui n'atteindraient pas son œuvre au cœur;

Qu'elle propose, en conséquence, que par une enquête consulaire ou par tout autre procédé impérial et contradictoire, on constate quel est actuellement le salaire moyen des terrassiers en Égypte, et qu'elle s'engage, en renonçant à se prévaloir, en ce point seulement, du règlement de 1856, à hausser ses salaires, si le cours moyen réellement existant est plus élevé que le prix fixé par le règlement sur l'organisation du travail dans l'isthme; et cela, sans réclamer aucune atténuation dans les autres charges qui lui sont imposées par ledit règlement.

En ce qui touche la rétrocession des terres et du canal d'eau douce.

Considérant :

Que la concession des terres est une des plus importantes conditions du contrat primitif proposé par le gouvernement égyptien, et accepté par les souscripteurs ;

Que le produit du fermage de ces terres, lorsqu'elles auront été mises en valeur, sera dans l'avenir un élément considérable des revenus affectés à la Compagnie ;

Que la Compagnie les occupe et les possède depuis plusieurs années;

Que le canal d'eau douce est le corollaire naturel et essentiel du canal maritime ;

Que si, dans ces derniers temps, la Compagnie a cru devoir céder au Gouvernement égyptien ses droits à la construction de la prise d'eau entre le Nil et la tête du Ouady, c'est précisément parce que Son Altesse lui a représenté et qu'elle a reconnu que cette ligne subsidiaire, complétement séparée de l'isthme, pénétrait jusque dans la capitale de l'Egypte, intervenait dans le régime intérieur des eaux égyptiennes, et qu'étant bordée de propriétés particulières, sa construction et son exploitation donneraient naissance à des conflits fâcheux et presque inextricables :

Que, pour la partie du canal située dans le périmètre de l'isthme, depuis Raz-el-Ouadi jusqu'à Suez, aucun de ces inconvénients n'est à craindre en l'état actuel des choses, ce canal et les terrains qu'il traverse et doit desservir étant également et au même titre la propriété de la Compagnie ;

Que les produits de ces terres seront des plus utiles pour alimenter les villes dans l'isthme à mesure qu'elles se peupleront ;

Que la Compagnie a, par conséquent, le plus grand intérêt à pourvoir constamment et à veiller à la mise en production de ces surfaces qu'elle a tirées de leur immémoriale stérilité ;

Considérant :

Que ces terres ont été acquises par la Compagnie à des titres doublement onéreux et commutatifs ;

Qu'elle a échangé cette acquisition contre la charge de constituer un capital de 200 millions de francs et de doter l'Égypte de la plus magnifique voie commerciale du monde en rattachant cette voie à sa navigation intérieure ;

Qu'elle remplit ces obligations, puisqu'après avoir réuni son capital elle en a déjà dépensé le tiers environ dans la construction des deux canaux ;

Qu'en outre, le gouvernement des vice-rois s'est réservé un prix direct personnel de sa concession par l'article 18 de son acte définitif, article dont voici le texte :

« *Toutefois*, EN RAISON DES CONCESSIONS DE TERRAINS

» *et autres avantages accordés à la Compagnie dans les* » *articles qui précèdent, nous réservons* AU PROFIT DU » GOUVERNEMENT ÉGYPTIEN UN PRÉLÈVEMENT DE QUINZE » POUR CENT SUR LES BÉNÉFICES NETS DE CHAQUE ANNÉE » *arrêtés et répartis par l'Assemblée générale des action-* » *naires.* »

Que cette participation considérable aux bénéfices, indépendante des autres charges, donne à la concession tout le caractère de la vente.

Considérant :

Que la convention du 18 mars 1863 relative à la prise d'eau sur le Nil est la reconnaissance formelle de la légalité de l'acquisition et de l'occupation des terres attribuées à la Compagnie ;

Que, pour la bonne foi de la Compagnie, cette convention était une transaction véritable et définitive faisant la part aux deux intérêts réciproques, et que sur cette question des terres, les désirs du Gouvernement égyptien allant plus loin, c'était alors le moment de les poser et de les résoudre.

Considérant :

Que le canal d'eau douce jusqu'à Suez est à peu près achevé, et que par conséquent la proposition de le faire terminer par le Gouvernement égyptien ne peut plus avoir d'objet ;

Que les conditions de remboursement offertes pour la rétrocession de cet ouvrage et de ses dépendances sont très-loin d'équivaloir aux valeurs qu'il a créées et dont il favorisera le développement successif ;

Que cette rétrocession elle-même n'est pas compatible avec les intérêts présents et futurs de la Compagnie.

Considérant :

Que l'abandon des terres par la Compagnie serait préjudiciable à la navigation et au commerce de tous les peuples, la Compagnie dès lors ne pouvant obtenir la rémunération de ses capitaux que par des combinaisons plus exigeantes dans son tarif de péage du canal maritime.

Considérant :

Que la Compagnie universelle est une Compagnie égyptienne, que le gouvernement égyptien est à lui seul souscripteur de près de la moitié de son capital ;

Que l'on n'aperçoit pas les motifs, les convenances qui pourraient empêcher une Compagnie égyptienne de posséder des terres en Égypte à l'instar, non-seulement des Égyptiens, mais encore des étrangers, et qui pourraient faire de ses possessions un danger pour l'État ;

Que ces terres sont soumises à la loi égyptienne comme toutes les autres terres de l'Égypte ;

Qu'à ce propos, la seule appréhension qu'on ait jamais exprimée est celle de voir la Compagnie installer sur ses possessions des colonies d'étrangers ;

Que jusqu'ici, la Compagnie n'a traité de la culture qu'avec des sujets de l'empire ottoman, et que son intérêt est de continuer le même système.

En ce qui touche à l'ensemble des propositions.

Considérant :

Qu'elles sont le renversement et la négation des contrats, l'abrogation rétroactive du mandat donné à M. Ferdinand de Lesseps pour la constitution de la Compagnie ;

Que les conditions principales auxquelles le gouvernement égyptien a appelé les souscripteurs à s'associer à lui pour l'exécution de l'entreprise sont au nombre de cinq ;

Savoir :

Concession du canal maritime avec droit de péage ;

Concession du canal d'eau douce avec le même droit ;

Concession des terrains ;

Fourniture par le gouvernement des ouvriers nécessaires selon les besoins des travaux ;

Prix déterminé et fixé d'avance du salaire de ces ouvriers ;

Que sur ces cinq conditions principales, quatre seraient annulées par l'acceptation des propositions formulées.

Considérant :

Que cette acceptation entraînerait pour la Compagnie :

1° Une prolongation de six années dans le paiement des intérêts du fonds social ;

2° Une prolongation des frais généraux pendant ce même laps de temps ;

3° Un égal retard dans l'exploitation du Canal maritime et dans ses revenus ;

4° Une augmentation dans les prix des salaires pour les terrassements ;

5° Enfin la suppression de la valeur des terrains concédés ;

Ensemble de pertes qui se compteraient, comme il est facile de le prouver, par des centaines de millions.

Par ces motifs,

Le Conseil décide à l'unanimité :

Sur la première question, celle de la réduction du nombre des ouvriers et de l'augmentation des salaires :

Qu'il n'y a pas lieu de déroger aux stipulations du règlement relatif à l'organisation du travail dans l'isthme, en date du 20 juillet 1856.

Sur la seconde question, celle du canal d'eau douce, dit d'alimentation, et des terrains qui peuvent être fécondés par la Compagnie :

Que la dernière Assemblée générale des actionnaires ayant approuvé le traité passé entre la Compagnie et S. A. Ismaïl, vice-roi d'Égypte, le 18 mars 1863, il y a lieu de s'en tenir aux conditions réciproques de ce traité confirmatif des actes de concession,

Et charge spécialement M. le Président, déjà muni des pleins pouvoirs des Assemblées générales, de maintenir l'exécution des conventions qui lient la Compagnie envers le Gouvernement égyptien et le Gouvernement égyptien envers la Compagnie.

Pour copie conforme :

Le Président,

FERD. DE LESSEPS.

ASSEMBLÉE GÉNÉRALE

DU 1er MARS 1864.

(Extrait du procès-verbal).

Après avoir entendu la lecture du rapport dans lequel M. Ferdinand de Lesseps, Président-Fondateur de la Compagnie, a exposé les questions en litige entre S. A. le Vice-Roi et la Compagnie,

L'Assemblée,

Approuve ce rapport et ses conclusions;

Approuve spécialement la décision prise par le Conseil dans sa séance du 29 octobre 1863, et par laquelle le Conseil a justement repoussé des propositions inacceptables parce qu'elles n'offraient à la Compagnie aucune espèce de compensation;

Donne au Conseil tous pouvoirs à l'effet de conclure les négociations pendantes, les modifications aux actes constitutifs de la Société, qu'il peut être utile d'adopter en vue d'une conciliation de tous les intérêts devant assurer à la Compagnie de justes compensations.

RAPPORT

ADRESSÉ PAR S. EXC. M. LE MINISTRE AU DÉPARTEMENT DES AFFAIRES ÉTRANGÈRES A SA MAJESTÉ L'EMPEREUR NAPOLÉON III.

Sire,

Le Vice-Roi d'Égypte ayant écrit à Votre Majesté pour Lui demander de vouloir bien prononcer Elle-même sur certaines questions encore pendantes entre le Gouvernement égyptien et la Compagnie de l'Isthme de Suez, Vous avez daigné répondre à Ismaïl-Pacha que Vous déföriez à son désir.

Votre Majesté a, en même temps, exprimé la volonté de faire préalablement examiner ces questions par une commission offrant toutes les garanties d'impartialité et de lumières. Afin de répondre à cet égard aux intentions de Votre Majesté, et conformément à ses ordres, j'ai l'honneur de lui proposer, pour faire partie de cette commission :

MM. Thouvenel, sénateur, comme président ;
Mallet, sénateur;
Suin, sénateur ;
Gouin, député au Corps législatif ;
Duvergier, conseiller d'État.

Si Votre Majesté daigne agréer ces noms, je m'empresserai d'adresser une lettre d'avis aux personnes désignées et de mettre à leur disposition tous les documents qui pourraient leur être nécessaires.

Je suis avec respect, Sire, de Votre Majesté, le très-humble et très-obéissant serviteur et fidèle sujet.

Paris, le 3 mars 1864.

Approuvé :

NAPOLÉON.

DROUYN DE LHUYS.

SENTENCE ARBITRALE.

NAPOLÉON,

Par la grâce de Dieu et la volonté nationale, Empereur des Français,

A tous ceux qui ces présentes lettres verront, salut.

Vu le compromis signé le 21 avril 1864, par :

S. Exc. Nubar Pacha, mandataire spécial de S. A. le vice-roi d'Égypte,

Et M. Ferdinand de Lesseps, au nom et comme Président-fondateur de la Compagnie universelle du Canal maritime de Suez,

Dont l'article 2 est ainsi conçu :

« Sa Majesté est suppliée de prononcer sur les questions ainsi formulées :

» 1° La suppression de la corvée étant acceptée en principe, quelle est la nature et la valeur du règlement du 20 juillet 1856 sur l'emploi des ouvriers indigènes?

» 2° Quelle serait l'indemnité à laquelle l'annulation de ce règlement peut donner lieu, le fondé de pouvoirs du Vice-Roi se déclarant autorisé à promettre que la clause stipulée en l'article 2 du second acte de concession et cahier des charges du 5 janvier 1856 sera rapportée?

» 3° La portion du canal d'eau douce, non rétrocédée au Vice-Roi par la convention du 18 mars 1863, doit-elle continuer d'appartenir à la Compagnie pendant la durée déterminée par l'acte de concession comme une annexe indispensable du

Canal maritime? Dans le cas contraire, quelles sont les conditions auxquelles la rétrocession pourrait en être opérée et que les parties s'engagent dès à présent à accepter?

» 4° Les cartes et plans qui, aux termes de l'article 8 de l'acte de concession du 30 novembre 1854, et de l'article 11 de celui du 5 janvier 1856, devaient être dressés ne l'ayant pas été, quelle est l'étendue des terrains nécessaires à la construction et à l'exploitation du Canal maritime (et du canal d'eau douce, s'il est conservé à la Compagnie) dans les conditions propres à assurer la prospérité de l'entreprise?

» 5° Quelle est l'indemnité due à la Compagnie, à raison de la rétrocession acceptée en principe des terrains dont il est fait mention dans les articles 7 et 8 de l'acte de concession de 1854 et dans les articles 10, 11 et 12 de celui de 1856? »

Vu le rapport de la Commission instituée par notre décision, en date du 3 mars 1864;

Considérant, *sur la première question*, que, pour apprécier la pensée qui a présidé au règlement du 20 juillet 1856 et le caractère de cet acte, il convient de rapprocher les dispositions qu'il renferme de celles qui sont contenues dans les deux firmans de concession, en date des 30 novembre 1854 et 5 janvier 1856;

Que celles-ci, apres avoir autorisé la constitution de la Compagnie, indiquent le but pour lequel elle doit être établie, déterminent les charges et les obligations qui lui sont imposées et lui assurent les avantages dont elle doit jouir;

Que ces stipulations ont créé pour la Compagnie et le Gouvernement du Vice-Roi des engagements réciproques, de l'exécution desquels il ne leur a pas été permis de s'affranchir ;

Que, notamment, l'article 2 du deuxième firman, en laissant à la Compagnie la faculté d'exécuter les travaux dont elle est chargée, par elle-même ou par des entrepreneurs, exige que les quatres cinquièmes au moins des ouvriers employés à ces travaux soient Égyptiens ;

Qu'au moment où cette condition a été imposée par le Vice-Roi, et acceptée par la Compagnie, il a nécessairement été entendu par l'un et par l'autre, que les ouvriers égyptiens nécessaires pour composer les quatre cinquièmes de ceux qui seraient employés aux travaux, seraient mis, par le Vice-Roi, à la disposition de la Compagnie ;

Que celle-ci n'aurait pas consenti à se soumettre à une semblable condition, si, de son côté, le Vice-Roi ne lui avait pas assuré les moyens de l'accomplir ;

Que cette pensée, sous-entendue dans le second firman de concession, a été formellement exprimée dans l'article Ier du règlement du 20 juillet 1856, portant :

« Les ouvriers qui seront employés aux travaux » de la Compagnie, *seront fournis* par le Gouverne- » ment égyptien, d'après les demandes des ingé- » nieurs en chef et suivant les besoins. »

Que cet article a par lui-même un sens très-clair ; que d'ailleurs, lorsqu'on le rapproche des stipulations des deux firmans, on aperçoit le lien étroit qui les unit, et l'on reconnait que la disposition du règlement n'est que le corollaire de celles qui l'ont précédée; qu'elle a le même caractère, la même force obligatoire;

Que toutes les autres parties du règlement sont en harmonie parfaite avec l'article Ier, et confirment l'interprétation qui vient de lui être donnée;

Qu'en effet, immédiatement après la promesse du Gouvernement égyptien de fournir les ouvriers, l'acte constate l'engagement corrélatif de la Compagnie de leur payer le prix de leur travail, de leur fournir les vivres nécessaires, de leur procurer des habitations convenables, d'entretenir un hôpital et des ambulances, de traiter les malades à ses frais, de payer également les frais de voyage depuis le lieu du départ jusqu'à l'arrivée sur les chantiers; enfin, de rembourser au Gouvernement égyptien, au prix de revient, les couffes nécessaires pour le transport des terres, et la poudre pour l'exploitation des carrières que celui-ci devait fournir;

Que ces diverses obligations, détaillées avec soin dans le règlement, n'étaient pour la Compagnie que la contre-partie de celles qu'avait prises le Gouvernement égyptien; qu'ainsi elles présentaient dans leur ensemble les éléments d'un véritable contrat;

Que l'intitulé de l'acte n'est point incompatible avec le caractère conventionnel qui lui est attribué par la nature des stipulations qu'il renferme;

Qu'à la vérité, c'est du Vice-Roi seul que le règlement est émané, mais que les deux firmans de concession ont été faits dans la même forme, et que cependant leur caractère contractuel n'a pas été et ne saurait être sérieusement contesté;

Qu'enfin le Vice-Roi dit expressément dans le préambule de l'acte, que c'est de *concert* avec M. de Lesseps qu'il en a établi les dispositions; que cette expression n'indique pas seulement qu'un avis a été demandé au directeur de la Compagnie; qu'il exprime que le *concours de sa volonté* a paru nécessaire et a été obtenu ; qu'il est bien évident que, sans ce concours, il eût été impossible d'assujettir la Compagnie aux obligations multipliées qui lui ont été imposées, et qu'elle a ensuite exécutées;

Que de ce qui précède, il résulte que le règlement du 20 juillet 1856, notamment dans la disposition de l'article 1er, a les caractères et l'autorité d'un contrat ;

Considérant, *sur la seconde question*, que lorsque des conventions ont été librement formées par le consentement de parties capables et éclairées, elles doivent être fidèlement exécutées ; que celle des parties contractantes qui refuse ou néglige d'accomplir ses engagements est tenue de réparer le dommage qui résulte de son infraction à la loi qu'elle s'est volontairement imposée, qu'en général et sauf à tenir compte des circonstances et des motifs de l'infraction, la réparation consiste dans une indemnité représentant la perte qu'éprouve l'autre partie et le bénéfice dont elle est privée;

Que, sans méconnaître la force et la vérité de ces principes, on a fait remarquer au nom du Gouvernement égyptien, que par une réserve expresse insérée à la fin de chacun des firmans de concession, le commencement des travaux, c'est-à-dire l'exécution des conventions, était subordonné à l'autorisation de la Sublime Porte; qu'en fait, cette autorisation n'ayant jamais été accordée, l'inexécution des conventions ne peut être légitimement reprochée au Vice-Roi d'Égypte, et ne saurait justifier une demande en dommages-intérêts dirigée contre lui.

Qu'il est incontestable que la clause suspensive de l'exécution de la convention aurait dû produire l'effet qui a été indiqué au nom du Vice-Roi, si les choses étaient restées entières; mais que les faits accomplis depuis la date des firmans, et auxquels le Vice-Roi a concouru, au moins avec autant d'activité et de détermination que la Compagnie, ont profondément modifié les situations respectives;

Que la Compagnie s'est engagée dans l'exécution des travaux, non-seulement avec l'assentiment du Vice-Roi, mais même en obéissant à l'impulsion qu'elle a reçue de lui;

Qu'il serait souverainement injuste que les conséquences fâcheuses d'une résolution prise et suivie de concert, fussent entièrement laissées à la charge de l'un des intéressés;

Que d'ailleurs les stipulations qui ont réglé les rapports du Gouvernement égyptien et de la Compagnie, considérées dans leur ensemble, constituent la concession d'un grand travail d'utilité publique en vue duquel ont été accordés des avantages formant une subvention sans laquelle l'entreprise n'aurait pas eu lieu;

Que lorsque par suite d'un événement que les deux parties contractantes ont dû prévoir, et dont elles ont d'un commun accord consenti à courir les chances, le Gouvernement se trouve hors d'état de procurer à la Compagnie les avantages qu'il lui avait assurés, et que celle-ci continue néanmoins les importants travaux dont le pays tout entier doit profiter, il est juste que des indemnités représentatives des avantages inhérents à la concession soient allouées par le Gouvernement égyptien à la Compagnie ;

Que ces bases étant posées, pour parvenir à déterminer le montant de l'indemnité due en raison de la substitution des machines ou des ouvriers européens aux ouvriers égyptiens, il faut comparer la somme à laquelle se seraient élevées les dépenses des travaux, s'ils avaient été exécutés par les ouvriers égyptiens, aux conditions énoncées dans le règlement du 20 juillet 1856, et la somme que coûteront les travaux qui devront être exécutés par les moyens que la Compagnie est désormais obligée d'employer;

Que le cube des terrains à extraire peut être déterminé très-approximativement d'après la configuration des lieux, telle qu'elle est établie par les plans et d'après les dimensions qui ont été assignées au Canal;

Que, déduction faite des travaux qui sont déjà exécutés, il reste 23,700,000 mètres cubes à extraire à sec et 32,000,000 de mètres cubes à draguer;

Que d'un autre côté, le changement des moyens d'exécution aura pour résultat d'augmenter le prix du mètre à sec de 1 fr. 19 c., et celui du mètre cube à draguer de 0 fr. 15 c.;

Qu'en multipliant 23,700,000 mètres par 1 fr. 19 c. et 32,000,000 par 0 fr. 15 c., on trouve que l'accroissement de la dépense pour les travaux à sec sera de.........................Fr. 28.200.000

Et pour les terrains à draguer de... 4.800.000

Ensemble.....Fr. 33.000.000

Que des calculs analogues appliqués aux travaux d'art démontrent que la Compagnie sera obligée de supporter de ce chef un surcroît de dépenses s'élevant à 5,000,000 de francs;

Que c'est donc à une somme totale de 38,000,000 de francs que doit s'élever cette partie de l'indemnité;

Que, dans le cours des débats, on a fait remarquer avec raison que la Compagnie n'était pas autorisée à prétendre que les salaires et le prix des denrées n'éprouveraient aucune augmentation pendant la durée des travaux, ou que du moins, d'après les termes du règlement, elle n'aurait pas à supporter les conséquences de la hausse qui pourrait subvenir;

Que, pour justifier une pareille prétention, il n'eût fallu rien moins qu'une stipulation formelle et que le règlement ne la contient pas;

Qu'en tenant compte de l'augmentation qui a déjà eu lieu et en appréciant les éventualités de l'avenir, le prix de la journée qui, en moyenne, était, aux termes du règlement, de 0 fr. 86 c., doit être évalué à 1 fr. 05 c.; mais que cette élévation du prix de la journée a été l'un des éléments de calcul qui ont fait adopter le chiffre de 38,000,000 de francs; qu'ainsi cette fixation ne doit pas être modifiée;

Qu'en second lieu, au nom du Gouvernement égyptien, il a été allégué que, depuis le commencement des travaux les salaires qui ont été payés aux ouvriers et les rations qui leur ont été fournies ne l'ont pas toujours été au taux déterminé par le règlement, et l'on a soutenu que la Compagnie doit imputer sur l'indemnité les sommes dont elle a pu profiter par l'effet de cette inexécution partielle de sa convention, alors même qu'elle aurait été, comme tout porte à le penser, le résultat d'une erreur;

Que cette réclamation est bien fondée, que la Compagnie ne peut demander à titre d'indemnité que ce qui sera effectivement déboursé par elle en excédant des prévisions qu'autorisait le règlement du 20 juillet 1856; qu'en exigeant la réparation des pertes que peut lui causer l'inexécution du contrat de la part du Vice-Roi, elle doit tenir compte des avantages qui ont pu résulter pour elle des infractions qui lui sont personnelles;

Qu'une somme de 4,500,000 francs a été réellement payée en moins sur les salaires ou sur la fourniture des rations; qu'elle doit être défalquée du montant de l'indemnité qui se trouverait ainsi réduite à 33,500,000 francs;

Mais qu'une réclamation a été formée par la Compagnie; qu'elle a demandé qu'une somme de 9,000,000 de francs lui fût allouée pour les intérêts d'une année des capitaux engagés dans l'opération, temps durant lequel ces travaux seront prolongés;

Que cette demande devrait être accueillie en entier, si la prolongation de la durée des travaux pouvait être imputée au Gouvernement égyptien; mais, qu'en réalité, les conditions imposées par la Sublime Porte sont un fait indépendant de la volonté du Vice-Roi; que c'est par un événement de force majeure que les travaux auront une durée plus longue que celle qui leur avait été assignée; que dès lors, soit en raison même de la nature de l'événement, soit en raison des rapports qui continuent à subsister entre le Vice-Roi et la Compagnie, il est équitable qu'ils supportent par moitié la somme de 9,000,000 francs, c'est-à-dire 4,500,000 francs chacun :

Que cette somme de............Fr.	4,500,000
ajoutée à celle de..................	33,500,000
porte l'indemnité pour l'objet spécial qui vient d'être examiné à........Fr.	38,000,000

Considérant, *sur la troisième question*, que les firmans du 30 novembre 1854 et 5 janvier 1856, en faisant à la Compagnie la concession du canal d'eau douce lui assuraient des avantages, et lui donnaient des garanties qui ont dû être considérées par elle comme essentielles pour le succès de son entreprise;

Que, dans l'origine et aux termes des firmans, le canal d'eau douce devait prendre naissance à proximité de la ville du Caire, joindre le Nil au Canal maritime et s'étendre par des branches d'alimentation, d'irrigation et même de navigation dans les deux directions de Péluse et de Suez; mais que, par une convention en date du 18 mars 1863, les conditions de la concession ont été gravement modifiées ; que notamment la Compagnie a renoncé au droit qui lui avait été conféré d'exécuter par elle-même la portion du Canal entre le Caire et le canal du Ouady déjà ouvert à la navigation;

Que, d'ailleurs, la Sublime Porte a prétendu que la rétrocession du canal d'eau douce était la conséquence nécessaire de la rétrocession des terrains;

Que, dans cette situation, il convient, tout en reconnaissant les droits des parties, de chercher à concilier leurs intérêts;

Que la concession du canal d'eau douce, au moment où elle a été faite, offrait à la Compagnie un triple avantage; elle lui assurait la libre disposition de l'eau nécessaire à la mise en mouvement des machines employées au creusement du Canal maritime et à l'alimentation des ouvriers; elle devait lui fournir le moyen d'arroser les terres qui lui étaient concédées ; et, enfin, elle devait lui procurer les bénéfices résultant des droits à établir sur la navigation et d'autres taxes de même nature;

Que le maintien de la concession dans toute son étendue et avec toutes ses conséquences ne pourrait être utilement accordé à la Compagnie qu'autant que la Sublime Porte consentirait à donner son approbation;

Que ce qui, dans la situation où est placée aujourd'hui la Compagnie, a pour elle un intérêt capital, c'est que le Canal soit terminé promptement et dans des conditions telles qu'il fournisse toujours toute l'eau nécessaire à l'exécution des travaux et à l'alimentation des ouvriers;

Que, pour atteindre ce but, il n'est pas absolument indispensable que la concession soit maintenue dans les termes et pour la durée qui avaient été fixés par les firmans; qu'il suffit de confier à la Compagnie l'achèvement du Canal, et de lui en laisser la jouissance et l'entretien;

Que, dans ce nouvel état de choses, les travaux que la Compagnie a déjà faits et ceux qu'elle aura encore à exécuter pour l'achèvement du Canal, seront à la charge du Gouvernement égyptien;

Que, par conséquent, celui-ci devra rembourser le prix des uns et des autres, en outre de payer les frais d'entretien;

Que satisfaction étant ainsi donnée à ce premier intérêt, il ne restera plus qu'à régler les indemnités qui peuvent être dues en raison de la privation des autres avantages que la concession devait produire pour la Compagnie;

Qu'avant de s'occuper de cette fixation, il convient de déterminer les sommes dont la Compagnie est dès aujourd'hui créancière pour les travaux faits, et celles qu'elle aura à réclamer ultérieurement pour les travaux qui restent à faire;

Qu'il résulte des documents produits par les parties et des explications qu'elles ont données contradictoirement, que la dépense des ouvrages déjà exécutés s'élève à 7,500,000 francs;

Que, dans cette somme est comprise celle de 3,750,000 francs représentant 1° la portion des frais généraux de l'entreprise qui doit être supportée par les travaux du canal d'eau douce, et 2° l'intérêt des capitaux engagés dans l'opération pendant le temps durant lequel les travaux seront prolongés ;

Que, ces deux causes réunies justifient la demande formée par la Compagnie de la somme susénoncée de 3,750,000 francs;

Que, pour les travaux qui ne sont pas terminés, la dépense s'élèvera à la somme de 2,500,000 francs qui, réunie à celle de 7,500,000, donnera un total de 10 millions ;

Que les droits de navigation et les péages de différente nature, dont la jouissance était assurée à la Compagnie par les firmans de concession et dont elle se trouvera dépouillée, doivent être évalués, afin que l'indemnité due de ce chef soit également allouée;

Que, déduction faite des frais d'entretien, charge naturelle de la jouissance du Canal, la valeur de cette jouissance doit être fixée à 6 millions de francs ;

Considérant, *sur la quatrième question,* que la Compagnie, en cessant d'être concessionnaire du canal d'eau douce, doit, ainsi qu'il vient d'être dit, rester chargée de son achèvement et de son entretien. Qu'en conséquence, il est nécessaire de déterminer pour le canal d'eau douce, comme pour le Canal maritime, l'étendue de terrain qu'exigent l'établissement et l'exploitation; que les termes mêmes du compromis indiquent clairement dans quel esprit doit être examinée cette question ;

Qu'il y est dit, en effet, que « l'étendue des ter- » rains devra être fixée *dans des conditions propres* » *à assurer la prospérité de l'entreprise*; »

Qu'elle ne doit pas être restreinte à l'espace qui sera matériellement occupé par les canaux mêmes, par leurs francs-bords et par les chemins de halage ;

Que, pour donner aux besoins de l'exploitation une entière et complète satisfaction, il faut que la Compagnie puisse établir à proximité des canaux des dépôts, des magasins, des ateliers, des ports dans les lieux où leur utilité sera reconnue, et, enfin, des habitations convenables pour les gardiens, les surveillants, les ouvriers chargés des travaux d'entretien et pour tous les préposés de l'Administration ;

Qu'il est, en outre, convenable d'accorder, comme accessoires des habitations, des terrains qui puissent être cultivés en jardins et fournir des approvisionnements dans des lieux privés de toutes ressources de ce genre ,

Qu'enfin, il est indispensable que la Compagnie puisse disposer de terrains suffisants pour y faire les plantations et les travaux destinés à protéger les canaux contre l'invasion des sables et à assurer leur conservation ;

Mais qu'il ne doit rien être alloué au-delà de ce qui est nécessaire pour pourvoir amplement aux divers services qui viennent d'être indiqués ; que la Compagnie ne peut avoir la prétention d'obtenir, dans des vues de spéculation, une étendue quelconque de terrains, soit pour les livrer à la culture, soit pour y élever des constructions, soit pour les céder lorsque la population aura augmenté ;

Que c'est en se renfermant dans ces limites qu'a

dû être déterminé, sur tout les parcours des canaux, le périmètre des terrains dont la jouissance, pendant la durée de la concession, est nécessaire à leur établissement, à leur exploitation et à leur conservation ;

Considérant, *sur la cinquième question*, que la rétrocession des terrains concédés à la Compagnie n'a pu être consentie qu'avec l'intention réciproque d'obtenir et d'accorder une indemnité ;

Que la Compagnie n'a dû renoncer aux avantages de la concession qu'en comptant sur la compensation de ces avantages, et que le Gouvernement égyptien n'a pu avoir la pensée de profiter de la valeur qu'auront les terrains lorsqu'ils seront fécondés par l'irrigation, sans en donner l'équivalent :

Qu'il ne faut pas perdre de vue que la concession des terrains était une des conditions essentielles de l'entreprise, une partie importante de la rémunération des travaux ;

Que, par conséquent, la Compagnie en y renonçant a droit d'en exiger la représentation ;

Que, soit que l'on consulte les termes des firmans, soit que l'on s'attache aux diverses publications qui ont été faites pendant le cours des travaux, on est conduit à reconnaître que le Gouvernement égyptien n'a point entendu concéder, et que la Compagnie n'a pas eu la pensée d'acquérir une étendue illimitée de terrains ;

Que la commune intention, clairement manifestée, a été de borner l'étendue de la concession aux terrains à l'irrigation desquels pourrait pourvoir l'eau prise dans le canal d'eau douce;

Qu'il est dès lors facile d'en fixer avec certitude le périmètre;

Qu'en effet, d'une part, on connait le volume d'eau que le canal peut, en raison de ses dimensions et des besoins de la navigation satisfaits, fournir pour l'irrigation des terres;

Que, d'autre part, on sait la quantité d'eau qui est nécessaire pour l'irrigation de chaque hectare;

Que, d'après ces données, la concession doit comprendre 63,000 hectares, sur lesquels doivent être déduits 3,000 hectares qui font partie des emplacements affectés aux besoins de l'exploitation du canal maritime;

Que cette fixation est en harmonie avec celle qui avait été arrêtée entre les représentants de la Compagnie et ceux du Vice-Roi dans les cartes cadastrales dressées en exécution de l'article 8 du firman du 30 novembre 1854, et de l'article 11 du firman du 5 janvier 1856; que si ces cartes ont plus tard, en 1858, été anéanties d'un commun accord, la difficulté qui a déterminé à les annuler ne portait point sur l'étendue des terrains qui devaient être compris dans la concession, comme susceptibles d'être arrosés;

Que l'estimation des 60,000 hectares qui sont, en définitive, rétrocédés au gouvernement égyptien, présente sans doute de sérieuses difficultés, puisque ce n'est point d'après leur état actuel que les terrains doivent être appréciés; et qu'en recherchant quelle sera leur valeur dans l'avenir, on se trouve en présence de chances fort diverses et de nombreuses éventualités; que, cependant, il y existe certains éléments de calculs auxquels on peut accorder une grande confiance; que, notamment, la quotité de l'impôt des terres cultivées peut servir à déterminer le revenu, lequel, capitalisé comme il doit l'être eu égard à la situation économique et financière de l'Egypte, indique la valeur vénale de la terre;

Qu'en calculant d'après ces données, le prix de l'hectare doit être fixé à 500 francs;

Que si cette évaluation a été contestée, elle n'a point cependant paru aux parties intéressées elles-mêmes s'éloigner beaucoup de la vérité;

Qu'elle n'a d'ailleurs été adoptée qu'après avoir pris en sérieuse considération, d'une part, les sommes qui devront être dépensées pour la mise en valeur des terres, et, de l'autre, l'augmentation de prix que doit produire l'exploitation du Canal maritime, et, en outre, celle qui peut résulter de l'introduction de nouvelles cultures;

Qu'en résumé, l'indemnité due par le Gouvernement égyptien, par suite de la rétrocession des terrains, s'élève à la somme de......... 30,000,000;

Considérant, qu'après avoir apprécié les divers éléments dont doit se composer l'indemnité, il n'est pas possible de les assimiler en ce qui touche les époques d'exigibilité;

Que les uns représentent des sommes déjà dépensées, les autres des avances qui doivent être faites à des époques assez rapprochées, et que certaines allocations qu'il a été juste d'accorder à la Compagnie sont pour elle la compensation d'avantages ou de bénéfices qui ne devaient se réaliser que dans un avenir éloigné, et qui étaient subordonnés à l'exécution de travaux dispendieux;

Que, par exemple, dans la première catégorie est comprise la somme de 7,500,000 francs, qui a été dépensée pour la partie du canal d'eau douce qui est déjà exécutée;

Que, dans la dernière, au contraire, doivent évidemment figurer les 30 millions représentant la valeur d'avenir des terrains rétrocédés;

Que c'est en tenant compte de ces différences qu'ont été fixées la quotité et l'échéance des annuités qui, réunies, composent l'indemnité totale de 84,000,000 de francs, mise à la charge du gouvernement égyptien.

Par ces motifs, nous avons décidé, et décidons ce qui suit :

Sur la première question :

Le règlement du 20 juillet 1856 a les caractères d'un contrat, il contient des engagements réciproques qui devaient être exécutés par le Vice-Roi et par la Compagnie.

Sur la seconde question :

L'indemnité à laquelle donne lieu l'annulation du règlement du 20 juillet 1856 est fixée à trente-huit millions de francs (38,000,000 fr.).

Sur la troisième question :

La rétrocession du canal d'eau douce est faite dans les termes et avec les garanties ci-après;

1° La partie du canal comprise entre le Ouady,

Timsah et Suez est rétrocédée, comme la première partie, au Gouvernement égyptien ; mais la jouissance exclusive en sera laissée à la Compagnie jusqu'à l'entier achèvement du canal maritime, sans qu'il puisse être pratiqué aucune prise d'eau sans le consentement de la Compagnie.

2° Le gouvernement égyptien maintiendra l'alimentation de ce canal par celui de Zagazig; il exécutera, en outre, les travaux de la partie qui lui a déjà été rétrocédée, conformément à la convention du 18 mars 1863, et mettra cette première section en communication avec la seconde, au point de jonction du Ouady, pour assurer en tout temps son alimentation.

3° La Compagnie sera tenue de terminer les travaux restant à faire pour mettre le canal du Ouady à Suez dans toutes les dimensions convenues et en état de réception.

4° Pendant toute la durée de la concession du Canal maritime, la Compagnie sera chargée d'entretenir le canal d'eau douce en parfait état, depuis le Ouady jusqu'à Suez; mais l'entretien sera aux frais du Gouvernement égyptien qui devra indemniser la Compagnie, au moyen d'un abonnement annuel de 300,000 francs, si mieux il n'aime payer les frais d'entretien sur mémoires; il sera tenu de faire connaître son opinion à la Compagnie dans l'année qui commencera à courir du jour de la livraison du Canal. La Compagnie devra garnir les digues de plantations, pour prévenir les éboulements et l'effet de la mobilité des sables.

L'abonnement de 300,000 francs recevra son application au fur et à mesure de l'avancement des travaux et au prorata de la longueur de chacune des parties achevées; il sera revisé tous les six ans.

5° La hauteur des eaux sera maintenue dans le canal :

Dans les hautes eaux du Nil, à 2m,50
A l'étiage moyen, à. . . . . 2 »
Au plus bas étiage, au minimum de. . . 1 »

6° La Compagnie prélèvera sur le débit du canal soixante-dix mille mètres cubes d'eau (70,000m) par jour, pour l'alimentation des populations établies sur le parcours des canaux, l'arrosage des jardins, le fonctionnement des machines destinées à l'entretien des canaux et de celles des établissements industriels se rattachant à leur exploitation, l'irrigation des semis et plantations pratiqués sur les dunes et autres terrains non naturellement irrigables, compris dans les zones réservées le long des canaux; enfin l'approvisionnement des navires traversant le canal maritime.

La Compagnie aura la servitude de passage sur les terrains que devront traverser les rigoles et conduites d'eau nécessaires au prélèvement des 70,000 mètres.

7° A partir de l'entier achèvement du Canal maritime, la Compagnie n'aura plus sur le canal d'eau douce que la jouissance appartenant aux sujets égyptiens, sans toutefois que jamais ses barques et bâtiments puissent être soumis à aucun droit de navigation; l'alimentation d'eau douce en ligne directe à Port-Saïd sera toujours amenée par les moyens que la Compagnie jugera convenable d'employer à ses frais.

8° La Compagnie cesse d'avoir les droits de cession de prise d'eau, de navigation, de pilotage, de remorquage, halage, ou stationnement à elle accordés sur le canal d'eau douce par les articles 8 et 17 de l'acte de concession du 5 janvier 1856.

9° En dehors des écluses en construction à Ismaïlia et à Suez, et des trois autres écluses sur la dérivation de Suez, il ne pourra être établi aucun ouvrage fixe ou mobile sur le canal d'eau douce et ses dépendances que d'un commun accord entre le Gouvernement égyptien et la Compagnie.

10° Le Gouvernement égyptien paiera à la Compagnie une somme de dix millions de francs (10,000,000); savoir : sept millions cinq cent mille francs (7,500,000) pour les travaux exécutés, la portion des frais généraux et les intérêts des avances, et deux millions cinq cent mille francs (2,500,000) pour les travaux qui restent à exécuter.

11° Le Gouvernement égyptien payera à la Compagnie une somme de six millions de francs (6,000,000) en compensation des droits de navigation et autres redevances dont la Compagnie est privée.

Sur la quatrième question :

Le périmètre des terrains nécessaires à l'établissement, l'exploitation et la conservation du canal d'eau douce et du canal maritime, est fixé à dix mille deux cent soixante-quatre hectares (10,264 h.) pour le canal maritime, et à neuf mille six cents hectares (9,600) pour le canal d'eau douce, lesquels sont répartis ainsi qu'il suit :

Canal maritime.

	Afrique.	*Asie.*
1. — Port-Saïd............. hect.	400	»
2. — De Port-Saïd à El-Ferdane.	1.152	1.152
3. — Ras-el-Eche...............	30	30
4. — Kantara..................	100	100
5. — D'El-Ferdane à Timsah....	1.350	270
6. — Canal de jonction avec le canal d'eau douce................	200	»
7. — Ville d'Ismaïlia............	450	»
8. — Port d'Ismaïlia dans le lac Timsah, canal en Asie.............	450	120
9.— Du lac Timsah aux lacs Amers	850	340
10. — Traversée des lacs Amers..	700	700
11. — Des lacs Amers aux lagunes de Suez......................	1.000	400
12. — Traversée des lagunes de Suez..........................	60	60
13. — Chenal du port de Suez...	50	200
Totaux.........	6.892	3.372

Canal d'eau douce.

	Nord.	*Sud.*
1. — De l'extrémité du canal à construire par le Gouvernement égyptien jusqu'à Ras-el-Ouady.........	500	»
2. — Du Ras-el-Ouady à l'extrémité du lac Maxamah...............	200	3.000
3. — Du lac Maxamah à Néfiche.	420	2.100
4. — De Néfiche à Ismaïlia......	300	»
Totaux.........	1.420	5.100

	Est.	*Ouest.*
5. — De Néfiche aux lacs Amers.	»	2.500
6 et 7. — Contours des lacs Amers.	300	200
8. — Gare de Suez.............	30	50
Totaux.......	330	2.750

Sur la cinquième question :

L'indemnité due à la Compagnie à raison de la rétrocession des terrains est fixée à trente millions de francs (30,000,000).

RÉSUMÉ.

L'indemnité totale due à la Compagnie, et s'élevant à la somme de quatre-vingt-quatre millions de francs (84,000,000) lui sera payée par le Gouvernement égyptien par annuités ainsi qu'il suit :

La première somme allouée de 38 millions sera payée en six annuités divisibles par semestres. Les huit premiers semestres seront de 3,250,000 francs chacun, et les quatre derniers de 3 millions chacun. Le premier semestre sera exigible le 1er novembre 1864, et les paiements continueront de semestre en semestre, jusqu'à l'entière libération de la somme de 38 millions.

La somme de 30 millions allouée pour l'indemnité des terrains rétrocédés sera divisée en dix annuités de 3 millions chacune. La première annuité sera exigible seulement après l'entière libération de la somme de 38 millions ci-dessus, c'est-à-dire le 1er novembre 1870, et les paiements continueront, d'année en année, jusqu'à l'entière libération de la somme de 20 millions.

La somme de 6 millions, allouée pour l'indemnité des droits sur le canal d'eau douce, sera divisée en dix annuités de 600,000 francs chacune, payables aux mêmes échéances que les annuités ci-dessus fixées pour l'indemnité des 30 millions.

Enfin, la somme de 10 millions, allouée pour les travaux exécutés et à exécuter au canal d'eau douce, sera payée dans l'année de la livraison du dit canal.

Le tout conformément au tableau ci-après.

	INDEMNITÉS.				TOTAL.
	38.000.000	30.000.000	6.000.000	10.000.000	84,000,000
	—	—	—	—	—
	Indemnité pour la substitution des machines et des ouvriers européens aux ouvriers égyptiens.	Indemnité pour rétrocession des terrains.	Indemnité pour les droits à percevoir sur le canal d'eau douce.	Remboursement des sommes dépensées pour les travaux faits ou à faire au canal d'eau douce.	Échéances
1re année Fr.	6.500.000	»	»	»	1er novembre 1864. 1er mai 1865.
2e —	6.500.000	»	»	»	1er novembre 1865. 1er mai 1866.
3e —	6.500.000	»	»	»	1er novembre 1866. 1er mai 1867.
4e —	6.500.000	»	»	»	1er novembre 1867. 1er mai 1868.
5e —	6.000.000	»	»	»	1er novembre 1868. 1er mai 1869.
6e —	6.000.000	»	»	»	1er novembre 1869. 1er mai 1870.
7e —	»	3.000.000	600.000	»	1er novembre 1870.
8e —	»	3.000.000	600.000	»	1er novembre 1871.
9e —	»	3.000.000	600.000	»	1er novembre 1872.
10e —	»	3.000.000	600.000	»	1er novembre 1873.
11e —	»	3.000.000	600.000	»	1er novembre 1874.
12e —	»	3.000.000	600.000	»	1er novembre 1875.
13e —	»	3.000.000	600.000	»	1er novembre 1876.
14e —	»	3.000.000	600.000	»	1er novembre 1877.
15e —	»	3.000.000	600.000	»	1er novembre 1878.
16e —	»	3.000.000	600.000	»	1er novembre 1879.
	38.000.000	30.000.000	6.000.000		
A ajouter....	»	»	»	10.000.000	dans l'année de la livraison du canal.
TOTAL GÉNÉRAL....	84,000,000				

Fait à Fontainebleau, le six juillet mil huit cent soixante-quatre.

Signé : NAPOLÉON.

Certifié conforme à l'original déposé aux archives du Ministère des affaires étrangères.

Le Ministre des affaires étrangères,

Signé : Drouyn de Lhuys.

ASSEMBLÉE GÉNÉRALE

DU 6 AOUT 1864.

(*Extrait du procès-verbal.*)

L'Assemblée,

Conformément aux propositions développées dans la réunion du 15 juillet 1863, approuve les modifications de l'article 46 des Statuts, qui fixe la réunion ordinaire de l'Assemblée générale des actionnaires, du 1er au 15 mai de chaque année, en ce sens que cette réunion pourra avoir lieu, sur la convocation du Conseil, du 1er mai au 1er août.

FIRMAN CONCERNANT LE CANAL DE SUEZ.

Mon illustre vizir, Ismaïl-Pacha, vice-roi d'Égypte, ayant rang de grand vizir, décoré de l'Osmanié et du Medjidieh de première classe, en brillants ;

La réalisation du grand œuvre destiné à donner de nouvelles facilités au commerce et à la navigation par le percement d'un canal entre la Méditerranée et la mer Rouge étant l'un des événements les plus désirables de ce siècle de science et de progrès, des conférences ont eu lieu depuis un certain temps avec la Compagnie qui demande à exécuter ce travail, et elles viennent d'aboutir d'une façon conforme, pour le présent et pour l'avenir, aux droits sacrés de la Porte, comme à ceux du Gouvernement égyptien.

Le contrat, dont ci-après la teneur des articles en traduction, a été dressé et signé par le Gouvernement égyptien conjointement avec le représentant de la Compagnie; il a été soumis à notre sanction impériale, et après l'avoir lu, nous lui avons donné notre acceptation.

(Suit le contrat *in extenso.*)

Le présent firman, émané de notre divan impérial, est rendu à cet effet que nous donnons notre autorisation souveraine à l'exécution du canal par ladite Compagnie, aux conditions stipulées dans ce contrat, comme aussi au règlement de tous les accessoires selon ce contrat et les actes et conventions y inscrits et désignés qui en font partie intégrante.

Donné le 2 zilgydé 1282.

(19 mars 1866.)

Convention du 22 février 1866.

Entre S. M. Ismaïl-Pacha, vice-roi d'Égypte, d'une part ;

Et la Compagnie universelle du Canal maritime de Suez, représentée par M. Ferdinand de Lesseps, son Président-fondateur, autorisé à cet effet par les Assemblées générales des actionnaires des 1er mars et 6 août 1864 et par décision spéciale du Conseil d'administration de ladite Compagnie, en date du 13 septembre 1864, d'autre part ;

A été exposé et stipulé ce qui suit :

Un premier acte de concession provisoire, en date du 30 novembre 1854, a autorisé M. de Lesseps à former une Compagnie financière pour l'exécution du Canal maritime de Suez.

Un second acte de concession, en date du 5 janvier 1856, a déterminé le cahier des charges pour procéder à la formation de la Compagnie financière chargée d'exécuter les travaux du Canal et a donné l'autorisation d'exécuter les travaux du percement de l'isthme dès que la ratification de la Sublime Porte serait obtenue. A cet acte étaient annexés les statuts de la Compagnie universelle, revêtus de l'approbation du vice-roi.

Un décret-règlement, en date du 20 juillet 1856,

a déterminé l'emploi des ouvriers fellahs aux travaux du Canal de Suez.

Une convention intervenue entre le vice-roi et la Compagnie, le 18 mars 1863, a rétrocédé au gouvernement égyptien la première section du Canal d'eau douce entre le Caire et le Ouady.

Une autre convention, datée du 20 mars 1863, a réglé la participation financière du gouvernement égyptien dans l'entreprise.

Enfin, une dernière convention, en date du 30 janvier 1866, a réglé :

1° L'usage des terrains réservés à la Compagnie comme dépendances du canal maritime;

2° La session du canal d'eau douce, des terrains, ouvrages d'art et constructions en dépendant et la reprise par le gouvernement de l'entretien dudit canal;

3° La vente du domaine du Ouady, au prix de 10,000,000 de francs.

4° Les échéances des termes fixés pour le paiement des sommes dues à la Compagnie.

La Sublime Porte sollicitée, conformément à l'acte de concession du 5 janvier 1856, de donner sa ratification à la concession de l'entreprise du Canal, a formulé, par une note en date du 6 avril 1863, les conditions auxquelles cette ratification était subordonnée.

Pour donner pleine satisfaction à cet égard à la Sublime Porte, il s'est établi entre le vice-roi et la Compagnie une entente qu'ils ont consacrée et formulée dans la convention dont les clauses et stipulations suivent :

Article 1er. — Est et demeure abrogé, dans son entier, le règlement en date du 20 juillet 1856 relatif à l'emploi des fellahs aux travaux du Canal de Suez.

Est, en conséquence, déclarée nulle et caduque la disposition de l'article 2 de l'acte de concession du 5 janvier 1856, ainsi conçue : « Dans tous les cas, les quatre cinquièmes au moins des ouvriers employés aux travaux seront Égyptiens. »

Le gouvernement égyptien paiera à la Compagnie, à titre d'indemnité et en raison de l'annulation du règlement du 20 juillet 1856 et des avantages qu'il comportait, une somme de 38,000,000 de francs.

La Compagnie se procurera désormais, suivant le droit commun, sans privilèges comme sans entraves, les ouvriers nécessaires aux travaux de l'entreprise.

Art. 2. — La Compagnie renonce au bénéfice des articles 7 et 8 de l'acte de concession du 30 novembre 1854 et des articles 10, 11 et 12 de celui du 5 janvier 1856.

L'étendue des terrains susceptibles d'irrigation concédés à la Compagnie par ces mêmes actes de 1854 et 1856 et rétrocédés au Gouvernement, a été reconnue et fixée d'un commun accord à 63,000 hectares, sur lesquels doivent être déduits 3,000 hectares qui font partie des emplacements affectés aux besoins du Canal maritime.

Art. 3. — Les articles 7 et 8 de l'acte de concession de 1854 et les articles 10, 11 et 12 de celui de 1856 demeurant abrogés, comme il est dit dans l'article 2, l'indemnité due à la Compagnie par le

Gouvernement égyptien, par suite de la rétrocession des terrains, s'élève à la somme de 30 millions de francs, le prix de l'hectare étant fixé à 500 francs.

Art. 4. — Considérant qu'il est nécessaire de déterminer, pour le Canal maritime, l'étendue des terrains qu'exigent son établissement et son exploitation, dans des conditions propres à assurer la prospérité de l'entreprise; que cette étendue ne doit pas être restreinte à l'espace qui sera matériellement occupé par le Canal même, par ses francs bords et par les chemins de halage; considérant que pour donner aux besoins de l'exploitation une entière et complète satisfaction, il faut que la Compagnie puisse établir, à proximité du Canal maritime, des dépôts, des magasins, des ateliers, des ports dans les lieux où leur utilité sera reconnue, et enfin des habitations convenables pour les gardiens, surveillants, les ouvriers chargés des travaux d'entretien et pour tous les préposés à l'administration; qu'il est, en outre, convenable d'accorder, comme accessoires des habitations, des terrains qui puissent être cultivés en jardins et fournir quelques approvisionnements dans des lieux privés de toute ressource de ce genre; qu'enfin il est indispensable que la Compagnie puisse disposer de terrains suffisants pour y faire les plantations et les travaux destinés à protéger le Canal maritime contre l'invasion des sables et assurer sa conservation; mais qu'il ne doit rien être alloué au-delà de ce qui est nécessaire pour pourvoir amplement aux divers services qui viennent d'être indiqués ; que la Compagnie ne peut avoir la prétention d'obtenir, dans des vues de spéculation, une étendue quelconque de terrains, soit pour les livrer à la culture, soit pour y élever des constructions, soit pour les céder lorsque la population sera augmentée;

Les deux parties intéressées se renfermant dans ces limites pour déterminer, sur tout le parcours du Canal maritime, le périmètre des terrains dont la jouissance, pendant la durée de la concession, est nécessaire à l'établissement, à l'exploitation et à la conservation de ce Canal;

Sont, d'un commun accord, convenues que la quantité de terrains nécessaires à l'établissement, l'exploitation et la conservation dudit Canal, est fixée, conformément aux plans et tableaux dressés, arrêtés, signés et annexés à cet effet aux présentes.

Art. 5. — La Compagnie rétrocède au Gouvernement égyptien la seconde partie du canal d'eau douce située entre le Ouady, Ismaïlia et Suez, ainsi qu'elle lui avait déjà rétrocédé la première partie du canal située entre le Caire et le domaine du Ouady, par la convention du 18 mars 1863.

La rétrocession de cette seconde partie du canal d'eau douce est faite dans les termes et sous les conditions qui suivent :

1° La Compagnie est tenue de terminer les travaux restant à faire pour mettre le canal du Ouady, Ismaïlia et Suez dans les dimensions convenues et en état de réception.

2° Le Gouvernement égyptien prendra possession du canal d'eau douce, des travaux d'art et des terrains qui en dépendent, aussitôt que la Compagnie se croira en mesure de livrer ledit canal dans les conditions ci-dessus indiquées. Cette livraison, qui impliquera réception de la part du Gouvernement égyptien, sera opérée contradictoirement entre les ingénieurs du Gouvernement et ceux de la Compagnie, et constatée dans un procès-verbal relatant en détails les points par lesquels l'état du canal s'écartera des conditions qu'il devait réaliser ;

3° Le Gouvernement égyptien demeurera, à partir de la livraison, chargé de l'entretien dudit canal, soit :

I. — De faire dans le délai possible toutes plantations, cultures et travaux de défense nécessaires pour empêcher la dégradation des berges et l'envahissement des sables, et de maintenir l'alimentation du canal par celui de Zagazig, jusqu'à ce que cette alimentation soit assurée directement par la prise d'eau du Caire ;

II. — D'exécuter les travaux de la partie qui lui a été rétrocédée par la convention du 18 mars 1863 et de mettre cette première section en communication avec la seconde, au point de jonction du Ouady.

III. — D'assurer en toute saison la navigation en maintenant dans le canal une hauteur d'eau de 2 mètres 50 centimètres dans les hautes eaux du Nil, de 2 mètres à l'étiage moyen et de 1 mètre au minimum au plus bas étiage ;

IV. — De fournir, en outre, à la Compagnie, un volume de 70,000 mètres cubes d'eau par jour pour l'alimentation des populations établies sur le parcours du Canal maritime, l'arrosage des jardins, le fonctionnement des machines destinées à l'entretien du Canal maritime et de celles des établissements industriels se rattachant à son exploitation; l'irrigation des semis et des plantations pratiqués sur les dunes et autres terrains non naturellement irrigables compris dans les dépendances du Canal maritime; enfin l'approvisionnement des navires qui passent par ledit Canal;

V. — De faire tout curage et travaux nécessaires pour entretenir le canal d'eau douce et ses ouvrages d'art en parfait état. Le Gouvernement égyptien sera de ce chef substitué à la Compagnie en toutes les charges et obligations qui résulteraient pour elle d'un entretien insuffisant, étant tenu compte de l'état dans lequel le canal aura été livré, et du délai nécessaire aux travaux que cet état aura pu exiger.

Art. 6. — La Compagnie aura la servitude de passage sur les terrains que devront traverser les rigoles et conduites d'eau nécessaires au prélèvement des 70,000 mètres cubes d'eau dont il s'agit ci-dessus.

Art. 7. — Aussitôt après la livraison du canal d'eau douce, le Gouvernement en aura la jouissance et disposera de la faculté d'y établir des prises d'eau; la Compagnie, de son côté, aura pendant la durée des travaux de construction du Canal maritime et, au besoin, jusqu'à la fin de 1869, la faculté d'établir sur le canal d'eau douce des services de remorqueurs à hélice ou de toueurs pour les besoins de ses transports ou de ceux de ses entrepreneurs, et l'exploitation exclusive du transit des marchandises de Port-Saïd à Suez, et *vice versâ*.

Après 1869, la Compagnie rentrera dans le droit commun pour l'usage du canal d'eau douce; elle n'aura plus sur ce canal que la jouissance appartenant aux Égyptiens, sans toutefois que jamais ses barques et bâtiments puissent être soumis à aucun droit de navigation.

L'alimentation d'eau douce en ligne directe à Port-Saïd sera toujours amenée par les moyens que la Compagnie jugera convenable d'employer à ses frais.

La Compagnie cesse d'avoir le droit de cession de prise d'eau, de navigation, de pilotage, de remorquage, de halage ou stationnement à elle accordés sur le canal d'eau douce par les articles 8 et 17 de l'acte de concession du 5 janvier 1856.

Les bâtiments construits par la Compagnie pour ses services sur le parcours du canal d'eau douce de Zagazig à Suez sont cédés au Gouvernement égyptien au prix de revient; ceux de ces bâtiments et dépendances qui seront nécessaires à la Compagnie pendant la période ci-dessus indiquée lui seront loués par le Gouvernement au taux de 5 0/0 l'an du capital remboursé.

Le canal d'eau douce ayant été ainsi complétement rétrocédé au gouvernement égyptien, son entretien étant à la charge dudit gouvernement, il pourra établir sur ledit canal et ses dépendances tels ouvrages fixes ou mobiles qu'il jugera convenable; d'un autre côté il devient inutile de déterminer ainsi qu'on la fait pour le canal maritime, aucune étendue de terrain pour son entretien et sa conservation.

Art. 8. — L'indemnité totale due à la Compagnie s'élevant à la somme de 84,000,000 de francs, lui sera payée par le gouvernement égyptien, ensemble avec le restant du montant des actions du gouvernement au cas où la Compagnie ferait un appel de fonds la présente année, et les 10,000,000 de francs, prix de la vente du Ouady de la manière indiquée au tableau dressé à cet effet, signé et annexé aux présentes.

Art. 9. — Le Canal maritime et toutes ses dépendances restent soumis à la police égyptienne, qui s'exercera librement comme sur tout autre point du territoire, de façon à assurer le bon ordre, la sécurité publique et l'exécution des lois et règlement du pays.

Le gouvernement égyptien jouira de la servitude de passage à travers le Canal maritime sur les points qu'il jugera nécessaire, tant pour ses propres communications que pour la libre circulation du commerce et du public, sans que la Compagnie puisse percevoir aucun droit de péage ou autre redevance sous quelque prétexte que ce soit.

Art. 10. — Le gouvernement égyptien occupera dans le périmètre des terrains réservés comme dépendance du Canal maritime, toute position, ou tout point stratégique qu'il jugera nécessaire à la défense du pays. Cette occupation ne devra pas faire obstacle à la navigation et respectera les servitudes attachées aux francs bords du Canal.

Art. 11. — Le gouvernement égyptien, sous les

mêmes réserves, pourra occuper pour les services administratifs (postes, douanes, casernes, etc.), tout emplacement disponible qu'il jugera convenable, en tenant compte des nécessités de l'exploitation des services de la Compagnie ; dans ce cas, le gouvernement remboursera, quand il y aura lieu, à la Compagnie les sommes que celle-ci aura dépensées pour créer ou approprier les terrains dont il voudra disposer.

Art. 12. — Dans l'intérêt du commerce, de l'industrie ou de la prospère exploitation du Canal, tout particulier aura la faculté, moyennant l'autorisation préalable du gouvernement et en se soumettant aux règlements administratifs ou municipaux de l'autorité locale, ainsi qu'aux lois, usages et impôts du pays, de s'établir, soit le long du Canal maritime, soit dans les villes élevées sur son parcours, réserves faites des francs bords, berges et chemins de halage; ces derniers devant rester ouverts à la libre circulation, sous l'empire des règlements qui en déterminaient l'usage.

Ces établissements, du reste, ne pourront avoir lieu que sur les emplacements que les ingénieurs de la Compagnie reconnaîtront n'être pas nécessaires aux services de l'exploitation, et à charge par les bénéficiaires de rembourser à la Compagnie, les sommes dépensées par elle pour la création et l'appropriation desdits emplacements.

Art. 13. — Il est entendu que l'établissement des services de douane ne devra porter aucune atteinte aux franchises douanières dont doit jouir le transit général s'effectuant à travers le Canal par les bâtiments de toutes les nations sans aucune distinction, exclusion ni préférence de personne ou de nationalité.

Art. 14. — Le Gouvernement égyptien, pour assurer la fidèle exécution des conventions mutuelles entre lui et la Compagnie, aura le droit d'entretenir à ses frais, auprès de la Compagnie et sur le lieu des travaux, un commissaire spécial.

Art. 15. — Il est déclaré, à titre d'interprétation, qu'à l'expiration des quatre-vingt-dix-neuf ans de la concession du Canal de Suez et à défaut de nouvelle entente entre le Gouvernement égyptien et la Compagnie, la concession prendra fin de plein droit.

Art. 16 (1). — La Compagnie universelle du Canal maritime de Suez étant égyptienne, elle est régie par les lois et usages du pays ; toutefois, en ce qui regarde sa constitution comme Société et les rap-

---

(1) Lorsque à l'Assemblée générale de 1866, M. de Chancel, l'un des membres du Conseil d'administration, donnait lecture de la convention du 22 février, et au moment où il lisait le second paragraphe de l'article 16 de ce traité, il fut interrompu en ces termes par M. Ferdinand de Lesseps :

« Permettez-moi, à ce sujet, de vous donner quelques explications : Plusieurs actionnaires ont cru que nos nationaux seraient soustraits à la juridiction française. Ces mots : *les tribunaux locaux* veulent dire que les différends entre la Compagnie et les particuliers seront soumis à la juridiction consulaire de France, jugés par le tribunal du consul général de France. Les Français ne seront donc pas soustraits à leur juridiction naturelle. »

ports des associés entre eux, elle est, par une convention spéciale, réglée par les lois qui, en France, régissent les Sociétés anonymes. Il est convenu que toutes les contestations de ce chef seront jugées en France, par des arbitres avec appel comme surarbitre à la Coür impériale de Paris,

Les différends en Égypte entre la Compagnie et les particuliers, à quelque nationalité qu'ils appartiennent, seront jugés par les tribunaux locaux suivant les formes consacrées par les lois et usages du pays et les traités.

Les contestations qui viendraient à surgir entre le Gouvernement égyptien et la Compagnie seront également soumises aux tribunaux locaux et résolues suivant les lois du pays.

Les préposés, ouvriers et autres personnes appartenant à l'administration de la Compagnie, seront jugés par les tribunaux locaux, suivant les lois locales et les traités, pour tous délits et contestations dans lesquels les parties ou l'une d'elles seraient indigènes.

Si toutes les parties sont étrangères, il sera procédé entre elles conformément aux règles établies.

Toute signification à la Compagnie par une partie intéressée quelconque en Egypte sera valablement faite au siége de l'Administration à Alexandrie.

Art. 17. — Tous les actes antérieurs, concessions, conventions et statuts sont maintenus dans toutes celles de leurs dispositions qui ne sont point en contradiction avec la présente convention.

Fait double au Caire le vingt-deux février mil huit cent soixante-six.

Signé ISMAÏL.

Signé : FERDINAND DE LESSEPS.

Convention du 30 janvier 1866.

Alexandrie, le 30 janvier 1866.

Entre Son Excellence Nubar Pacha, ministre des affaires étrangères, agissant au nom et en délégation de Son Altesse le vice-roi d'Egypte,

D'une part.

Et M. Ferdinand de Lesseps, Président-fondateur de la Compagnie de Suez, agissant au nom et en délégation du Conseil d'administration de ladite Compagnie.

D'autre part.

A été convenu ce qui suit :

Art. 1er. — Le Gouvernement égyptien occupera dans le périmètre des terrains réservés comme dépendances du Canal maritime, toute position ou tout point stratégique qu'il jugera nécessaire à la défense du pays. Cette occupation ne devra pas faire obstacle à la navigation et respectera les servitudes attachées aux francs bords du canal.

Art. 2. — Le Gouvernement égyptien sous les mêmes réserves, pourra également occuper pour ses services administratifs (postes, douanes, casernes, etc.) tout emplacement disponible qu'il jugera convenable, en tenant compte des nécessités de l'exploitation des services de la Compagnie.

Le Gouvernement remboursera, quand il y aura lieu, à la Compagnie, les sommes que celle-ci aura dépensées pour créer ou approprier les terrains dont il voudra disposer.

Art. 3. — Dans l'intérêt du commerce, de l'industrie ou de la prospère exploitation du Canal, tout particulier aura la faculté, moyennant l'autorisation préalable du Gouvernement et en se soumettant aux règlements administratifs ou municipaux de l'autorité locale, ainsi qu'aux lois, usages et impôts du pays, de s'établir soit le long du Canal maritime, soit dans les villes élevées sur son parcours; réserve faite des francs bords, berges et chemins de halage, ces derniers devant rester ouverts à la libre circulation sous l'empire des règlements qui en détermineront l'usage.

Ces établissements ne pourront du reste avoir lieu que sur les emplacements que les ingénieurs de la Compagnie reconnaîtront n'être pas nécessaires au service de l'exploitation, et à charge par les bénéficiaires de rembourser à la Compagnie les sommes dépensées par elle pour la création ou l'appropriation desdits emplacements.

Art. 4. — Le Gouvernement égyptien prendra possession du canal d'eau douce, des travaux d'art et des travaux qui en dépendent, aussitôt que la Compagnie se croira en mesure de livrer ledit canal dans les conditions antérieurement stipulées.

Cette livraison qui impliquera réception de la part du Gouvernement égyptien, sera opérée contradictoirement entre les ingénieurs ... ouvernement et ceux de la Compagnie, et const ... dans un procès-verbal relatant en détail les points par lesquels l'état du canal s'écartera des conditions qu'il devrait réaliser.

Le Gouvernement égyptien demeurera à partir de ce moment chargé de l'entretien dudit canal : soit :

1° De faire, dans le délai possible, toutes plantations, cultures et travaux de défense nécessaires pour empêcher la dégradation des berges et l'envahissement des sables;

2° D'assurer en toutes saisons la navigation, en maintenant dans le canal un tirant d'eau de 2^{m}, 50 dans les hautes eaux du Nil; de 2 mètres dans la saison des eaux moyennes, et de 1 mètre au minimum dans les basses eaux;

3° De fournir, en outre, à la Compagnie un volume de 70,000 mètres cubes d'eau par jour pour l'alimentation des populations établies sur le parcours du canal, l'arrosage des jardins, le fonctionnement des machines destinées à l'entretien du canal et à celles des établissements industriels nécessaires à son exploitation, à l'irrigation des semis et plantations pratiqués sur les dunes et autres terrains non naturellement irrigables compris dans les dépendances du canal : enfin, l'approvisionnement des navires qui passeront par ledit canal.

4° De faire enfin tous curages et travaux nécessaires pour entrenir le canal d'eau douce et ses ouvrages d'art en parfait état.

Le Gouvernement égyptien sera de ce chef substitué à la Compagnie en toutes les charges et obligations qui résulteraient pour elle d'un entretien insuffisant, étant tenu compte de l'état dans lequel le canal aura été livré et du délai nécessaire aux travaux que cet état aura pu exiger.

Art. 5. — Aussitôt après la livraison du canal, le Gouvernement égyptien en aura la jouissance et disposera de la faculté d'y établir des prises d'eau; la Compagnie de son côté, aura pendant la durée des travaux de construction du canal maritime, et au besoin jusqu'à la fin de 1869, la faculté d'établir sur le canal d'eau douce des services de remorqueurs à hélice ou de toueurs pour les besoins de ses transports et de ceux de ses entrepreneurs, et l'exploitation exclusive du transit des marchandises de Port-Saïd à Suez et *vice versâ*.

Après 1869, la Compagnie rentrera dans le droit commun pour l'usage du canal d'eau douce aux conditions antérieurement convenues.

Les bâtiments construits par la Compagnie pour ses services sur le parcours du canal d'eau douce de Zagazig à Suez seront cédés au Gouvernement égyptien au prix de revient. Ceux de ces bâtiments et dépendances qui seront nécessaires à la Compagnie pendant la période ci-dessus indiquée, lui seront loués par le Gouvernement au taux de cinq pour cent l'an du capital remboursé.

Art. 6. — La Compagnie vend au Gouvernement égyptien la propriété du Ouady telle qu'elle existe actuellement avec ses bâtiments et dépendances, au prix de 10 millions de francs.

Art. 7. — Si le canal d'eau douce est remis par la Compagnie au Gouvernement égyptien dans le courant de la présente année, les sommes dues par le Gouvernement égyptien, tant de ce chef que pour l'acquisition du domaine du Ouady, ensemble 20 millions de francs, seront payées à la Compagnie à dater du 1er juillet jusqu'au 1er décembre 1866, en six paiements égaux et mensuels de 3,333,333 fr. 33 c., opérés le 1er de chaque mois.

Au cas où l'appel de fonds restant à faire sur les actions serait rendu exigible par la Compagnie dans le courant de la présente année, le montant des sommes dues de ce chef par le Gouvernement égyptien, soit environ, et sauf compte à faire, 17,500,000 francs, sera payé à la Compagnie à dater du 1er janvier jusqu'au 1er décembre 1867 en douze paiements égaux et mensuels de 1,458,333 francs environ, opérés le 1er de chaque mois.

Les sommes formant le solde de l'indemnité consentie par le Gouvernement égyptien en faveur de la Compagnie, exigibles postérieurement au 1er novembre 1866, soit ensemble 57,750,000 francs, seront payées à la Compagnie, à dater du 1er janvier 1867 jusqu'au 1er décembre 1869, en trente-six paiements égaux et mensuels de 1,604,166 francs, opérés le 1er de chaque mois.

Tous les paiements seront faits à la Compagnie en francs effectifs.

Fait en double expédition, au Caire le 30 janvier 1866.

Signé : Ferdinand de Lesseps.
Nubar Pacha.

PROCÈS-VERBAL

DES OPÉRATIONS DES DÉLÉGUÉS NOMMÉS A L'EFFET D'ÉTABLIR LES LIMITES DES TERRAINS NÉCESSAIRES A LA BONNE EXPLOITATION DE L'ENTREPRISE DU CANAL MARITIME DE SUEZ ET DONT LA JOUISSANCE DOIT ÊTRE ATTRIBUÉE A LA COMPAGNIE PENDANT LA DURÉE DE SA CONCESSION.

Les commissaires soussignés :

LE BASTEUR, inspecteur général des ponts et chaussées, délégué du Gouvernement français;

SERVER-EFFENDI, sous-secrétaire d'Etat au Ministère de l'Agriculture, du Commerce et des Travaux Publics, délégué du Gouvernement de Sa Majesté Impériale le Sultan;

ALY-BEY-MOUBARECK, colonel du génie, aide de camp de Son Altesse le Vice-Roi, délégué du Gouvernement égyptien;

MALLET, sénateur, délégué de la Compagnie du Canal maritime de Suez;

partis du Caire le 29 janvier 1866, sont arrivés le 30 à Ismaïlia sur le Canal maritime.

Le lendemain, 31, remontant le Canal vers le nord, après avoir visité les travaux du seuil d'El-Guisr, ils sont arrivés à Kantara. Le 1er février, ils étaient à Port-Saïd, dont ils ont visité les divers chantiers et l'emplacement où doivent être assis le port et ses dépendances.

De retour à Ismaïlia le 3 février, ils ont parcouru l'emplacement occupé et à occuper par cet établissement.

Partant d'Ismaïlia le 5 février, ils se sont dirigés

vers Suez en visitant les chantiers du Sérapéum et de Chalouf.

Arrivés à Suez, ils ont visité la rade; et partout, dans les diverses localités, l'ingénieur en chef, directeur général des travaux, a exposé les besoins des établissements qui doivent y être créés. De retour au Caire, les commissaires se sont réunis en conférence, les 11 février et jours suivants, à l'effet d'examiner les plans qui leur ont été soumis, d'entendre de nouveau les explications du directeur général des travaux et de fixer définitivement les limites des terrains nécessaires à la Compagnie pour l'exploitation de son entreprise.

Article 1er. — Port-Saïd.

Dans la séance du 13 février, M. le directeur général des travaux de la Compagnie a soumis à la Commission un plan de Port-Saïd indiquant les divers bassins à construire suivant les prévisions actuelles de la Compagnie.

Un double chenal conduirait de l'avant-port dans le premier bassin, et, entre les deux passes, on conserverait le terre-plein des ateliers où se fabriquent les blocs factices pour la construction des jetées. La question de savoir si l'occupation actuelle de ces terrains doit être seulement temporaire et provisoire, ou si elle doit être considérée comme indispensable à la Compagnie pendant toute la durée de la concession, se présente. Après mûr examen, la Commission est d'avis que l'occupation par la Compagnie dudit terrain ne doit être que temporaire. En conséquence, la durée de cette occupation a été fixée à un laps de dix ans. Si, ultérieurement, ce laps de dix ans venait à être reconnu insuffisant, une entente entre le Gouvernement égyptien et la Compagnie en fixerait la prolongation; par contre, le Gouvernement rentrera en possession du terrain dont il s'agit, au moment même où la Compagnie cessera la fabrication des blocs artificiels. Il est bien entendu que durant l'occupation dudit terrain par la Compagnie, le Gouvernement égyptien pourra y faire tous les travaux et toutes les constructions qu'il jugera utiles sans nuire aux chantiers de la Compagnie. Il est aussi à remarquer que cet îlot est nécessaire pour abriter l'arrière-port. Cependant, comme l'élargissement des passes pourra devenir indispensable, il s'ensuit que la Compagnie pourra toujours, pour opérer cet élargissement, réduire la longueur dudit îlot.

Entre la passe de l'est et l'enracinement de la jetée du même côté, il devra être laissé une voie publique d'accès, depuis la levée extérieure de l'arrière-port jusqu'à la jetée. Il ne sera fait par la Compagnie aucune construction soit le long de la plage, soit sur les levées limitant les bassins du côté de l'Est.

Une partie de la plage est réservée le long de la jetée de l'ouest pour les besoins de l'exploitation du Canal, et notamment pour compléter les travaux de la jetée et asseoir les principaux bâtiments d'exploitation. Cette partie réservée à la Compagnie aura une largeur de 150 mètres et une longueur maximum de 600 mètres comptés à partir de l'origine de la jetée; elle n'est accordée que sous les conditions suivantes.

1° La Compagnie laissera libres pour la circulation publique, savoir : un quai de 50 mètres de largeur entre les bâtiments d'exploitation qu'elle se propose de construire, et la jetée; un espace de 50 mètres de largeur entre l'extrémité de ces constructions et la baisse de la mer; la voie d'accès existante entre la plage et le quai du port.

2° Toutes les constructions faites par la Compagnie seront soumises, en cas de guerre, aux servitudes militaires, et le Gouvernement pourra faire exécuter tous travaux et toutes démolitions qu'il jugera utiles à la défense du pays, sans être tenu de payer aucune indemnité quelconque à la Compagnie à raison desdits travaux et démolitions.

3° Si, en cas de guerre, le Gouvernement juge utile de construire une batterie dans l'étendue des 600 mètres réservés, l'emplacement de cette batterie formera la limite définitive du terrain concédé.

Sous la réserve de toutes les conditions ci-dessus, la Commission estime qu'une superficie de 430 hectares de terrain est nécessaire à la Compagnie pour le service et pour l'exploitation complète, à Port-Saïd, du Canal maritime; ces terrains sont désignés au plan coté sous le n° 1, signé, parafé et annexé au présent procès-verbal.

Cette superficie se répartit ainsi qu'il suit :

Terrains réservés du côté d'Afrique, trois cent

dix-neuf hectares..................	319 hectares.
Terrains réservés du côté d'Asie, cent onze hectares................	111 —
Superficie totale de Port-Saïd...	430 hectares.

Art. 2. — De la borne n° 3 placée a l'extrémité du port, au kilomètre n° 62, près d'El-Ferdane.

Aucune objection n'est faite à la demande de la Compagnie tendant à obtenir une largeur de 200 mètres de chaque côté de l'axe du Canal; en conséquence, cette demande lui est accordée.

Article 3. — Raz-El-Ech.

La Compagnie demande une zone supplémentaire de 300 mètres de large sur 500 mètres de longueur du côté d'Afrique, soit 15 hectares.

Cette demande est admise.

Le droit de pêche du Gouvernement dans le lac Menzaleh s'exercera toujours jusqu'au remblai exécuté.

Article 4. — Kantara.

La Compagnie demande sur le côté d'Asie une superficie totale de 64 hectares, se répartissant ainsi qu'il suit :

Création d'une gare de 1,000 mètres de longueur sur 200 mètres de largeur, avec terre-plein de 200 mètres à l'entour pour les établissements destinés au service de la gare : vingt-huit hectares... 28 hect.

Emplacement pour le campement de la Compagnie et de l'entreprise : trente-six hectares .... 36 —

Total : soixante-quatre hectares.... 64 hect.

Cette demande est admise par la Commission.

ARTICLE 5. — D'EL-FERDANE AU LAC TIMSAH.

Pour cette partie du Canal qui comprend la traversée du seuil d'El-Guisr, la Compagnie demande 200 mètres du côté d'Asie et 1,000 mètres du côté d'Afrique.

Cette demande est motivée, en ce qui concerne le côté d'Afrique, sur ce qu'il est nécessaire d'avoir une grande étendue de terrain pour déposer les déblais provenant d'une tranchée qui atteint à son point culminant une hauteur de 19 mètres, non compris la profondeur du Canal qui est de 8 mètres, ce qui porte le total des déblais à 27 mètres, et, en outre, sur la nécessité d'exécuter des travaux pour fixer les sables mobiles qui pourraient sur certains points envahir la tranchée.

Par ces motifs, la Commission admet la demande de la Compagnie.

ARTICLE 6. — CANAL DE JONCTION AVEC LE CANAL D'EAU DOUCE.

La Compagnie ayant à faire des travaux importants pour fixer les sables mobiles et empêcher l'envahissement du canal de jonction et du Canal maritime avec le canal d'eau douce, une superficie de 160 hectares lui est accordée par la Commission.

Cette superficie est indiquée sur le plan d'ensemble d'Ismaïlia coté sous le n° 2, signé, parafé et annexé au présent procès-verbal. Aucune construction autre que les postes des gardiens, travaux d'éclairage des deux canaux, et logement des préposés de ce service, ne pourra être faite par la Compagnie sur une surface de 1,500 mètres de rayon, dont le centre sera le point d'intersection de l'axe du bief actuel de jonction avec le canal d'eau douce et de l'axe du Canal maritime.

Article 7. — Ismaïlia.

Le plan d'Ismaïlia ci-dessus énoncé indique également le périmètre des terrains nécessaires pour les établissements de la Compagnie dans la ville d'Ismaïlia; d'après ce plan, une surface de 193 hectares s'étendant au nord du Canal d'eau douce serait nécessaire; la Compagnie demande donc cette superficie, laquelle lui est accordée par la Commission.

Article 8. — Port d'Ismaïlia. Traversée du lac Timsah. Canal de service.

Le port d'Ismaïlia, sur le lac Timsah, indiqué sur le plan coté sous le n° 2, est séparé de la ville par le canal d'eau douce; les communications entre la ville et le port sont établies par des ponts-levis construits sur les deux écluses. Ces deux ponts doivent être conservés. La Commission décide, en outre, que le long du canal d'eau douce, entre les deux écluses, jusqu'à la garc des ateliers de réparations que se propose de construire la Compagnie, il sera réservé pour les besoins dudit canal, une bande de 60 mèt. de largeur comptée à partir de l'axe. Le gouvernement pourra faire construire sur cette bande tout bâtiment de service qu'il jugera nécessaire, en laissant un passage libre le long du canal, de 20 mèt. de largeur.

Dans l'étendue de la gare, la digue du canal sera continuée par la Compagnie et aura au sommet, 10 mètres de largeur. Au passage des canaux de communication, entre le canal et la gare, il sera établi pour l'usage du public des ponts mobiles ayant une largeur de 4 mètres. Le long du quai du port; sur le lac Timsah, on laissera un espace libre de 50 mètres de largeur. Une bande de terrain de 500 mètres de largeur sur 1,500 mètres de longueur, soit 75 hectares, à l'ouest du lac, est distraite de la concession demandée, pour les besoins du gouvernement égyptien, qui pourra, s'il le juge convenable, établir sur le lac Timsah un port dont les quais seront en retour d'équerre par rapport à ceux de la Compagnie. La superficie des terrains accordés pour l'établissement du port d'Ismaïlia du côté d'Afrique est fixée par suite de la réduction ci-dessus, à 508 hectares. Il est en outre, accordé pour l'ouverture du canal dans la traversée du lac Timsah, une zone de 200 mètres de chaque côté de l'axe.

Un canal de service conduisant à une carrière, situé à l'est du canal maritime, ainsi que la carrière elle-même, restent réservés à la compagnie conformément à la concession qui lui en a été faite. Le tout comporte une superficie de 74 hectares.

Article 9 — du lac Timsah aux lacs Amers.

Cette portion du canal de 17 kilomètres de longueur comprend la tranchée de Sérapéum, un peu moins profonde que celle d'El-Guisr mais présentant les mêmes difficultés. Pour les motifs indiqués à l'article 5, la Compagnie demande, du côté d'Afrique, une largeur de 800 mètres, et de 200 mètres du côté d'Asie. Cette demande lui est accordée par la Commission.

Article 10. — Traversée des lacs Amers.

M. le directeur général des travaux, appelé à donner des explications sur le projet de la Compagnie, fait connaître qu'elle a l'intention de s'établir dans les lacs mêmes, en opérant, s'il y a lieu, les dragages nécessaires; cependant, il prévoit le cas où il y aurait dans la nappe d'eau des lacs une agitation ou des courants gênants pour la navigation; on se reporterait alors à la limite des lacs du côté d'Asie, et on les contournerait en établissant une voie séparée des lacs et protégée contre l'action des vents et de la marée. La superficie à occuper dans l'un ou dans l'autre cas serait sensiblement la même, et la zone concédée peut être calculée à raison de 200 mètres de chaque côté de l'axe de la voie suivie par la navigation. Quand la Compagnie sera complètement fixée sur la ligne à adopter, la concession se bornera aux terrains situés sur cette ligne.

La Commission accorde donc la zone de 200 mètres de chaque côté de l'axe de la voie adoptée par la Compagnie. De plus, la Commission accorde à la Compagnie une surface supplémentaire de 20 hectares au seuil de séparation des deux lacs, pour divers travaux ayant pour objet de diriger les eaux sur ces points et d'empêcher, au moyen d'épis ou d'enrochements, la transmission des lames et les dégradations que les courants pourraient occasionner.

ARTICLE 11. — DES LACS AMERS AUX LAGUNES DE SUEZ.

La Compagnie demande 200 mètres de largeur de chaque côté de l'axe, plus pour le campement de Chalouf une zone supplémentaire de 300 mètres de largeur sur une longueur de 1,000 mètres, soit 30 hectares. Elle réclame aussi une superficie égale pour le campement de la plaine, comprenant des bassins et un canal de service pour l'alimentation du campement.

La Commission accorde ces différents chefs de demande à la Compagnie.

ARTICLE 12. — TRAVERSÉE DES LAGUNES DE SUEZ.

Aucune objection n'étant faite à la demande de la Compagnie, qui réclame 200 mètres de chaque côté de l'axe du canal, et en outre, une zone supplémentaire de 27 hectares pour le campement de la quarantaine et la voie d'accès qui y conduit; plus 13 hectares pour le petit établissement à former à l'entrée du canal, à son point de jonction avec le chenal conduisant à la rade de Suez ; en conséquence ces différents chefs sont également accordés.

ARTICLE 13. — PORT DE SUEZ.

Après une discussion approfondie sur les moyens d'assurer l'exploitation facile et complète du Canal maritime, la Commission accorde à la Compagnie la superficie des terrains qu'elle demande, tels qu'ils sont figurés au plan coté sous le n° 3 signé, parafé et annexé au présent procès-verbal. Cette allocation est faite sous les réserves et sous les conditions suivantes :

1° Le chenal, faisant partie du port de Suez n'est pas compris dans les terrains réservés à la Compagnie ; toutefois, il demeure bien entendu que, conformément à la concession, la Compagnie a le droit de faire dans le chenal tous les travaux que comporte l'exécution de ses projets, sous la réserve de laisser toujours un passage libre à la navigation entre le fond du port et la rade, de sorte que la navigation ne soit jamais arrêtée ni entravée.

2° Le halage sera libre sur les quais que doit construire la Compagnie. Toutefois, le droit de haler ne devra pas gêner la formation des trains.

La formation des trains est interdite le long de la jetée extérieure et sur une longueur de 100 mètres à l'extrémité du terre-plein. La portion du quai suivante, jusqu'au petit bassin, est affectée à la formation des trains; en dehors des navires destinés à entrer dans le Canal, aucun navire ne pourra y stationner ni s'y amarrer.

La circulation pour le public sera constamment libre sur les quais. Si la Compagnie prolonge la levée au-delà de l'extrémité du terre-plein, en vue de former une jetée d'abri, cette jetée extérieure sera et restera consacrée au public pour les besoins généraux du halage.

3° La chaîne de touage que doit établir la Compagnie sera placée à 100 mètres au moins de distance de la levée, mesure prise au niveau moyen des eaux, et la Compagnie aura la faculté de la prolonger en ligne droite jusqu'aux fonds naturels de 9 mètres. La Compagnie sera tenue d'élargir le chenal, si les besoins de la navigation locale le rendent nécessaire, et elle reculera alors en même temps la chaîne de touage.

4° Le Chenal devant rester libre pour tous les navires, aucun bâtiment n'y pourra mouiller.

5° La moitié de la largeur du terre-plein à créer entre la levée formant la rive-nord du chenal d'avant-port et le quai du bassin de radoub, sera comprise dans les zones réservées à l'exploitation du Canal maritime, sous la condition, pour la Compagnie, de laisser au quai, le long de la levée, une largeur de 40 mètres.

La Compagnie n'aura à sa charge que la dépense afférente à l'exécution des travaux dans la largeur de la zone qui lui est réservée.

L'enrochement qui doit protéger le terre-plein du côté de la rade, sera construit simultanément par le Gouvernement et par la Compagnie.

6° Les fortifications qui pourront être construites à l'extrémité sud-ouest du terre-plein, seront disposées de manière à ce que l'on puisse communiquer entre ce terre-plein et la rade.

La partie extérieure correspondant à la bande réservée à la Compagnie sera affectée à l'accostage et au stationnement de ses embarcations de service, et à l'établissement de ses embarcadères.

7° La partie du terre-plein réservée à la Compagnie le long du chenal du port de Suez, en retour vers le nord, aura une longueur de mille mètres, à partir de l'entrée du petit bassin projeté pour le remisage du matériel d'exploitation du Canal maritime. Le terre-plein s'étendra en largeur jusqu'à une ligne parallèle au chemin de fer à 50 mètres en arrière de l'axe de la voie. Les navires étrangers à l'exploitation du Canal maritime pourront se haler, mais non décharger ni s'amarrer le long de ce terre-plein.

8° Les constructions qui seront élevées par la Compagnie dans l'étendue de la zone réservée à l'exploitation du Canal maritime, seront soumises en cas de guerre aux servitudes militaires.

Une zone de 100 mètres de largeur est réservée à l'extrémité du terre-plein pour les besoins du Gouvernement. Aucune construction ne pourra être érigée sur cette zone de terrain par la Compagnie.

Aucune des énonciations du présent procès-verbal ne pourra être prise ou considérée par la Compagnie comme l'affranchissement des règlements de port ; en conséquence, tous les navires généralement quelconque se dirigeant dans le Canal maritime resteront, à l'instar des autres navires, soumis aux règlements faits ou à faire par le Gouvernement égyptien pour assurer la libre circulation dans les ports de son territoire.

En conséquence, et se résumant, les commissaires soussignés arrêtent ainsi qu'il suit l'état des terrains concédés à la Compagnie pour l'établissement, l'exploitation et la conservation du Canal maritime de Suez. (Voir le plan général du Canal, pièce annexe n° 4.)

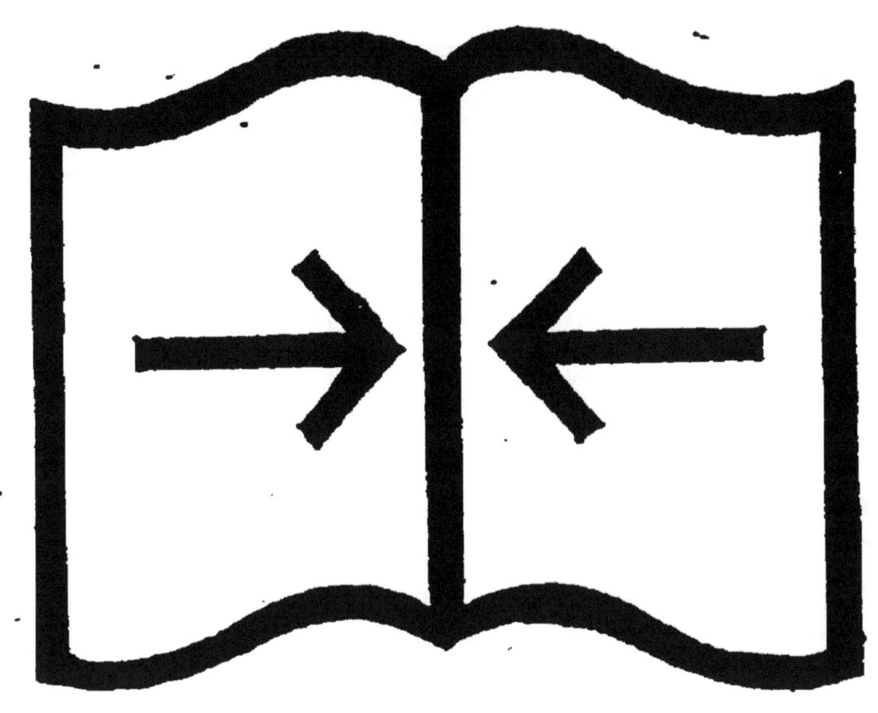

État des terrains nécessaires à l'établissement, l'exploitation et la conservation du Canal maritime de Suez.

NUMÉROS D'ORDRE.	DÉSIGNATION des PARTIES DU CANAL, DES PORTS ET DES ÉTABLISSEMENTS.	LONGUEURS EN KILOMÈTRES.	LARGEUR MESURÉE A PARTIR de L'AXE DU CANAL.		SUPERFICIE	
			CÔTÉ Afrique.	CÔTÉ Asie.	CÔTÉ Afrique.	CÔTÉ Asie.
I.	*Port-Saïd.*					
	Le périmètre des terrains réservés à la Compagnie est figuré par un liseré vermillon sur le plan joint au présent état (pièce annexe n° 1)...........................	kilom. 3 »	M. »	M. »	H. 319	H. 111
II.	*De Port-Saïd à El Ferdane.*					
	Du kilomètre 3 au kilomètre 62 du Canal maritime......	59 »	200	200	1.180	1.180
III.	*Raz-El-Ech.*					
	Zone supplémentaire, côté Afrique, d'une largeur de 300 mètres sur une longueur de 500 mètres................	» »	»	»	15	»
IV.	*Kantara.*					
	Le périmètre des terrains réservés est figuré par un liseré vermillon sur le plan joint au présent état (pièce annexe n° 1 *bis*)..	» »	»	»	»	64
V.	*D'El Ferdane au lac Timsah*					
	Du kilom. 62 au point kilométrique 75 k. 5 du canal marit..	13 5	1.000	200	1.350	270
VI.	*Canal de jonction avec le canal d'eau douce.*					
	Longueur moyenne de 2,000 mètres sur une largeur moyenne de 800 mètres, conformément au plan joint au présent [illegible]					
VII.	*Ismaïlia.*					
	Le périmètre des terrains réservés est figuré par un liseré vermillon sur la même pièce (annexe n° 2)............	» »	»	»	193	»
VIII.	*Port d'Ismaïlia, traversée du lac Timsah, canal de service.*					
	Le périmètre des terrains réservés est figuré par un liseré vermillon sur la même pièce annexe n° 2 :					
	Port d'Ismaïlia..................................	» »	»	»	508	»
	Traversée du lac Timsah, du kilomètre 75 5 au kilomètre 81	55 »	200	200	110	110
	Canal de service..................................	» »	»	»	»	74
IX.	*Du lac Timsah aux lacs Amers.*					
	Du kilomètre 75 au kilomètre 98........................	17 »	800	200	1.360	340
X.	*Traversée des lacs Amers.*					
	Du kilomètre 98 au kilomètre 133.......................	35 »	200	200	700	700
	Campement du seuil de séparation des deux bassins, 500 mètres sur 400 mètres........................	» »	»	»	20	»
XI.	*Des lacs Amers aux lagunes de Suez.*					
	Du kilomètre 133 au kilomètre 151.....................	18 »	200	200	360	360
	Campement de Chalouf, zone supplémentaire de 300 mètres de largeur sur une longueur de 1,000 mètres..........	» »	»	»	30	»
	Campement de la plaine, bassins et canal de service.......	» »	»	»	30	»
XII.	*Traversée des lagunes de Suez.*					
	Du kilomètre 151 au kilomètre 159.....................	8 »	200	200	160	160
	Campement de la Quarantaire et chemin d'accès..........	» »	»	»	27	»
	Etablissement à l'entrée du Canal.......................	» »	»	»	13	»
XIII.	*Port de Suez.*					
	Le périmètre des terrains réservés est figuré par un liseré vermillon sur le plan joint au présent état (pièces-annexes n° 3)	2 »	»	»	130	180
	TOTAUX...............	161 »	»	»	6.665	3.549

Le présent état de superficie montant, savoir :

Pour le côté Afrique, à.........	6,665 hectares.
Pour le côté Asie, à...........	3,549 —
Total général de la superficie des terrains concédés, dix mille deux cent quatorze hectares...........	10,214 hectares.

Fait au Caire, en quadruple expédition, le dix-neuf février mil huit cent soixante-six de l'ère chrétienne, soit le cinq chatwal mil deux cent quatre-vingt-deux de l'hégire.

Signé : Le Basteur. — Server.

Aly-Moubareck-Bey. — Mallet.

ASSEMBLÉE GÉNÉRALE

DU 1er AOUT 1867.

(Extrait du Rapport de M. le Président.)

Dans la première partie de ce rapport nous avons placé sous vos yeux notre situation purement financière. Nous devons faire ressortir le tableau des ressources et des valeurs que la Compagnie possède, soit par ses achats, soit par les valeurs qu'elle a créées.

Notre actif en caisse, en portefeuille, en créances, en solde de l'indemnité égyptienne, en avances aux entrepreneurs, remboursables au fur et à mesure de l'exécution de leurs travaux, s'élève, au 30 juin 1867, à 111,601,887 fr. 64 c.

Tel est l'actif réalisable dans une période s'étendant jusqu'à la fin de 1869.

Ce n'est là qu'une portion des valeurs réelles acquises par la Compagnie.

Personne ne contestera qu'elle ait le droit de compter, comme faisant partie de ses ressources, les valeurs créées, soit par son industrie, soit par l'emploi utile et plus ou moins prochainement disponible de son capital.

Nous devons donc placer au crédit du bilan de la Compagnie :

1° La valeur actuelle de son domaine, composé des terrains de Damiette, des vastes magasins situés au Caire sur les bords du Nil, de l'hôtel de la Compagnie à Paris;

Ces immeubles ont coûté 1,171,000 francs. Nous serons à coup sûr au-dessous de la vérité en évaluant tout ce domaine dans son ensemble à 2,000,000 de francs.

Sans parler de la plus-value donnée à votre hôtel de Paris par les voies nouvelles qui l'avoisinent, il nous suffira de vous rappeler à l'égard de vos propriétés égyptiennes que le Ouady, payé 2 millions en 1860, a été vendu 10 millions au commencement de 1866. Nos autres propriétés ont acquis depuis leur achat une plus-value proportionnelle;

2° Le remboursement des frais de création et d'appropriation sur les 10,000 hectares des terrains du canal maritime dont la jouissance vous a été attribuée par la sentence impériale pour 99 ans, durée de votre concession.

Quelques personnes ont supposé que la Compagnie ne pouvait utiliser ces terrains que pour son usage exclusif et qu'elle n'aurait à percevoir aucune rétribution des tiers qui viendraient s'y établir. C'est une erreur complète. En vertu de l'article 12 de la convention du 22 février 1866, la Compagnie est autorisée à se faire rembourser par les tiers-occupants la somme proportionnelle afférente à tous les frais relatifs à la création et à l'appropriation de ces terrains.

Nous avons chargé la direction générale des travaux de dresser l'état de ces dépenses spéciales, et elle l'a fait avec l'exactitude et la conscience qui caractérisent notre corps des Ponts et Chaussées. Il en résulte que pour un ensemble de dépenses qui, le canal terminé, se montera à 385 millions, nos frais d'appropriation et de création doivent s'élever à environ 100 millions.

Ces 100 millions sont-ils réalisables, seront-ils réalisés dans une époque relativement prochaine? C'est ce qu'il est facile de démontrer.

La richesse spéciale de ces terrains consiste en ce que, par leur situation le long du canal, ils formeront en très-grande partie des terrains à bâtir dont la valeur est incomparablement supérieure à la valeur des terres de culture. Les détails que nous vous avons déjà soumis vous disent assez quel sera le concours de population qui, de toutes les parties du monde, se réunira dans l'isthme.

En évaluant à 1,000 hectares seulement les terrains qui sur toute la ligne du canal maritime seront occupés par les villes, les établissements industriels et commerciaux de toute espèce, les entrepôts, les divers centres plus ou moins importants de populations, on va pouvoir apprécier à quelle somme s'élèvera la valeur véritable de ces 1,000 hectares. A l'heure qu'il est, à Port-Saïd, les terrains à bâtir seraient immédiatement aliénés, si nous voulions les céder à 30 francs le mètre carré. Bien plus, des terrains sont déjà demandés dans certaines parties de la ville à 100 francs le mètre. Au prix moyen de 30 francs le mètre, ces 1,000 hectares, qui font 10 millions de mètres carrés, représenteraient 300 millions. Il resterait encore à la Compagnie, la jouissance des neuf dixièmes des terrains qui lui sont dévolus.

Qui pourrait douter, en tout cas, de la valeur considérable que prendront nos terrains d'Ismaïlia, de Suez et particulièrement de Port-Saïd situé en face de l'Europe, avec un port supérieur à celui d'Alexandrie et dans lequel on pourra entrer par tous les temps, de nuit et de jour. Nous pouvons en juger par un fait: il y a trente ans, Alexandrie était une ville de 35,000 âmes; elle a aujourd'hui plus de 150,000 habitants.

3° Les constructions, les habitations nombreuses réparties sur tous les points de l'isthme : stations, campements et villes; Suez qui n'avait que 3,000 habitants il y a trois ans, en a aujourd'hui de 14 à 15,000, grâce à notre canal d'eau douce. Ismaïlia en a déjà 4,000, Port-Saïd 8,000. De nouvelles habitations ne cessent de s'élever par les soins de nos entrepreneurs, pour le logement de leurs employés et de leurs ouvriers. Ces constructions, aux termes des contrats, doivent revenir à la Compagnie à la fin des travaux. Le tout formera encore une valeur notable qui doit figurer dans l'actif de la Compagnie.

4° La valeur du matériel employé dans les travaux ; vous savez qu'il représente 17,000 chevaux, vapeur, et, conformément aux traités, ce matériel, dans sa partie essentielle, c'est-à-dire, la plus facilement réalisable, retourne à la Compagnie. On pourrait supposer que ce matériel sera usé, hors de service, ce serait une erreur. Or, nous avons pour 60 millions de matériel.

Tout récemment, dans une conférence qu'il a tenue à la Société des ingénieurs civils de Paris, M. Lavalley a démontré, avec une logique qui a convaincu un auditoire fort compétent, que nos

60 dragues, par exemple, bien loin de subir une dépréciation par suite du travail auquel elles devaient se livrer, arriveraient, à l'époque où le canal sera terminé, par leurs perfectionnements successifs et leur bon entretien, à un degré de fonctionnement pratique qui en fera les instruments les meilleurs et les plus efficaces.

Si nous voulons maintenant résumer le crédit de notre bilan, d'après les conditions diverses que nous venons d'énumérer, voici les chiffres que nous trouvons, tant en valeurs plus ou moins prochainement disponibles qu'en valeurs et ressources créées par la Compagnie.

Actif constaté par la situation financière................................	111.000.000
Domaine de la Compagnie à Paris, au Caire et à Damiette.............	2.000.000
Frais d'appropriation et de création des terrains.........................	100.000.000
Liquidation du matériel au terme des travaux..............................	24.000.000
Total.............,	237.000.000

sans tenir compte des sommes représentées par la valeur des terrains bâtis et des produits de notre service du transit provisoire qui, cependant, méritent d'être pris en sérieuse considération.

Ce n'est pas tout : En envisageant la grande valeur des terrains à bâtir dans l'isthme, en la comparant à celle qu'ont acquise, en Europe, en Amérique, en Égypte même, les terrains de même nature, mis à proximité du mouvement commercial par la création de voies nouvelles, telles que chemins de fer, canaux, ports, etc., nous avons observé avec regret que ni le Gouvernement égyptien ni la Compagnie ne profiteraient des immenses bénéfices que devaient procurer les terrains du Canal maritime. Nous nous sommes alors adressés à la justice, aux lumières et à la sollicitude d'Ismaïl Ier, et nous lui avons fait une proposition à laquelle il nous a promis toute sa bienveillance.

Cette proposition se trouve reproduite dans une note que nous avons cru devoir remettre à l'Empereur Napoléon III, dont l'acquiescement, comme complément de sa sentence arbitrale, nous a semblé nécessaire pour l'heureuse solution du projet.

Voici l'analyse de cette note .

« La sentence impériale et la convention du 22 » février 1866 ne donnent pas le droit à la Compa- » gnie de vendre avec bénéfice les terrains bâtis ou » à bâtir qui lui ont été dévolus en jouissance pen- » dant quatre-vingt-dix-neuf ans ; mais elles lui » permettent de concéder cette jouissance et même » de faire accorder le droit de propriété à ses ces- » sionnaires, en se faisant rembourser simplement » ses frais d'appropriation desdits terrains.

» La Compagnie propose au Vice-Roi de profiter » en commun de la valeur immense que vont » acquérir les terrains à Port-Saïd, à Ismaïlia et » aux centres de population autour du Canal mari- » time. On obtiendra, dans un certain espace de » temps, des centaines de millions par la vente de » ces terrains, auxquels on adjoindrait successive- » ment d'autres lotissements du désert, appartenant

» au domaine public, et destinés à acquérir une » valeur après l'aliénation des lots les plus rapprochés du Canal.

» Si l'on se maintient dans la situation actuelle, » il n'y a profit pour personne.

» En autorisant les ventes avec bénéfice pour la » Compagnie et en partageant les produits avec elle, » le Gouvernement égyptien trouvera là une richesse » dont il ne peut profiter sans notre association. »

Le Vice-Roi, nous le répétons, s'est montré favorablement disposé pour nos propositions, qu'il fait étudier avec soin. Cette étude n'était pas encore achevée; mais il nous est permis d'exprimer l'espoir qu'une décision est prochaine.

En attendant, nous pensons ne pas manquer aux devoirs de la discrétion en vous annonçant que l'approbation de l'Empereur est acquise à notre proposition, et que Sa Majesté a daigné recommander elle-même au Vice-Roi le projet dont nous venons de vous parler. (Applaudissements enthousiastes. — Acclamations.)

Nous sommes heureux de signaler à votre reconnaissance ce nouveau témoignage de la haute protection de l'empereur Napoléon, qui a déjà tant fait pour le Canal de Suez. (Bravo ! bravo ! Nouvelles acclamations. Vive l'empereur !)

Nous poursuivons les négociations et nous vous rendrons compte de leur résultat.

Voilà, Messieurs, où nous en sommes. (Mouvement.)

ASSEMBLÉE GÉNÉRALE DES ACTIONNAIRES DU 1er AOUT 1867.

Résolution.

Emprunt de 100 millions.

L'Assemblée décide :

« Tous pouvoirs sont donnés au Conseil d'administration d'émettre, pour le compte et sous la responsabilité de la Compagnie universelle du Canal maritime de Suez, le nombre de titres suffisant pour produire la somme de cent millions de francs destinée à couvrir le surplus des dépenses nécessaires à l'achèvement du canal maritime.

» Le Conseil d'administration est chargé de déterminer l'époque, le mode, les garanties et les conditions de cette opération. »

(Adopté à l'unanimité.)

Résolution.

Modification aux statuts.

L'Assemblée décide :

Conformément à l'autorisation contenue dans la lettre adressée au nom du Vice-Roi au Président de la Compagnie en date du 2 juin 1867, et à la décision du Conseil d'administration, en date du 21 juin dernier, l'article 42 des statuts de la Compagnie est modifié de la manière suivante :

« L'agence supérieure d'Alexandrie est transférée

à Ismaïlia et réunie à la direction générale des travaux.

» L'agent supérieur directeur général des travaux est investi de tous les pouvoirs nécessaires à l'exécution des travaux et à la marche de l'exploitation. Il représente la Compagnie dans tous ses rapports avec le Gouvernement.

» Des agents accrédités, agissant sous ses ordres. résideront à Alexandrie et au Caire. »

(Adopté à l'unanimité.)

COMPAGNIE UNIVERSELLE DU CANAL MARITIME DE SUEZ

ÉMISSION DE 333,333 OBLIGATIONS

GARANTIES

par la Propriété du Canal maritime et de tout son Matériel,

PAR LES REVENUS GÉNÉRAUX DE L'ENTREPRISE,

par la Valeur et le Produit des Terrains de la Compagnie.

1° EXPOSÉ.

La Compagnie universelle du Canal maritime de Suez a été formée en 1858 au capital de *deux cents millions de francs*.

Elle a acquis, en cours de travaux, par suite de ventes de terrains situés le long du canal d'eau douce, d'indemnités et d'emploi de capitaux, une somme de *cent millions*, qu'elle a appliquée aux frais de création et d'appropriation des terrains bâtis ou à bâtir le long du Canal maritime, ceux-ci représentant, dans un avenir prochain, une plus-value considérable.

Une somme de *cent millions de francs*, à réaliser par emprunt, a été jugée nécessaire pour achever l'entreprise, et livrer le 1er octobre 1869 à la grande navigation un passage dont le produit annuel est évalué à *soixante millions de francs*.

2° CONDITIONS GÉNÉRALES DE LA SOUSCRIPTION.

En exécution de la décision prise le 1er août 1867 par l'Assemblée générale des Actionnaires, il est ouvert une souscription publique pour le placement de *333,333 Obligations* créées par la Compagnie universelle du Canal maritime de Suez, aux conditions suivantes :

Ces Obligations seront au porteur et cotées à la Bourse de Paris.

Elles sont émises au prix de *300 francs, jouissance du 1er octobre 1867*.

Elles produisent un intérêt annuel de *25 francs*, payable par semestre, les 1er avril et 1er octobre de chaque année, *sans charge ni retenue*.

Elles sont remboursables à 500 francs en 50 années, par voie de tirages au sort trimestriels.

Le premier tirage aura lieu le 15 septembre 1868 et le remboursement des Obligations sorties sera effectué le 1er octobre suivant, et ainsi de suite, *tous les trois mois*.

Le prix de chaque Obligation, fixé à *300 francs*, est exigible ainsi qu'il suit :

25 fr. en souscrivant.
25 fr. à la répartition.
75 fr. du 5 au 15 novembre 1867.
50 fr. du 1er au 10 janvier 1868.
50 fr. du 1er au 10 avril 1868, sous déduction du coupon de 12 fr. 50.
75 fr. du 1er au 10 juillet 1868.

Total : 300 francs. — C'est donc un placement qui,

en raison des délais des versements, ressort à *8.59* 0/0, *non compris* le bénéfice de l'amortissement.

A partir du versement de novembre, la Compagnie échangera les récépissés nominatifs contre des titres provisoires au porteur; et, lors de la libération complète, les titres provisoires seront échangés contre des titres définitifs au porteur ou des certificats nominatifs de dépôt.

A partir dudit versement de novembre, les porteurs auront la faculté de se libérer par anticipation de la totalité des termes non échus. Il leur sera bonifié un intérêt de *6 0/0* l'an.

A défaut de versement des termes échus dans les délais fixés, les souscripteurs en retard seront passibles de l'intérêt à 9 0/0 des sommes restées en souffrance.

Suivant le vœu émis par l'Assemblée générale, la souscription de chaque actionnaire ne sera pas réduite si elle ne dépasse pas le nombre des Actions dont il est porteur. L'excédant de sa souscription sera soumis, s'il y a lieu, aux mêmes conditions de réduction que celles des autres souscripteurs.

LA SOUSCRIPTION SERA OUVERTE

du Jeudi 26 au Lundi 30 Septembre inclusivement, Dimanche compris, de 10 heures du matin à 4 heures du soir :

A Paris, à la Compagnie universelle du Canal maritime de Suez, Square Clary, n° 9 (boulevard Haussmann et rue Saint-Nicolas-d'Antin, n° 33);

A Alexandrie, à l'Agence supérieure de la Compagnie universelle du Canal maritime de Suez;

Dans les Départements, chez MM. les Correspondants de la Compagnie; chez MM. les Notaires;

A l'Étranger, chez MM. les Correspondants de la Compagnie.

Les Versements seront également reçus, au crédit de la Compagnie universelle du Canal maritime de Suez :

A Paris :

Au Crédit foncier de France, rue Neuve-des-Capucines, n° 19;

Au Crédit agricole, rue Neuve-des-Capucines, n° 19;

A la Société générale de Crédit industriel et commercial, rue de la Victoire, n° 72.

Et dans les Départements :

Aux Succursales de la Banque de France pour les sommes de 100 francs et au-dessus.

On peut souscrire par Correspondance.

Les lettres de souscription devront être adressées au domicile de la Compagnie, à Paris, accompagnées du montant du premier versement.

Paris, le 14 septembre 1867.

Le Président-Directeur,

Ferd. de Lesseps.

ASSEMBLÉE GÉNÉRALE

DU 2 JUIN 1868.

(Extrait du Rapport de M. le Président.)

DOMAINE.

Les terrains dépendant du Canal maritime forment une contenance de 10,270 hectares, qui ont été délimités par une Commission internationale et dont la jouissance exclusive vous est assurée par la convention du 22 février 1866, revêtue du firman d'approbation de S. M. I. le Sultan. L'article 12 de cette convention vous donne la faculté de faire délivrer un titre de propriété aux tiers qui viendront s'établir sur vos terrains, à charge par les bénéficiaires de rembourser à la Compagnie les sommes dépensées pour la création et l'appropriation des emplacements que les ingénieurs de la Compagnie reconnaîtraient n'être pas nécessaires au service de l'exploitation. On sait que ces frais, sur la totalité des terrains, se sont élevés jusqu'à l'année dernière à 100 millions.

Ici, M. de Lesseps rappelle les expressions de son précédent Rapport, et reproduit l'analyse d'une Note qu'il avait remise à l'Empereur pour expliquer la nature de la proposition faite alors au Vice-Roi; puis il continue en ces termes :

Notre proposition, approuvée et recommandée par l'Empereur, qui la regardait comme la conséquence et le complément de sa décision arbitrale, ne pouvait manquer d'être agréée par le prince éclairé qui, en définitive, est le principal actionnaire de notre entreprise. Voici la lettre que Son Altesse Royale a bien voulu adresser, après la dernière Assemblée générale, à votre Président, chargé de représenter les Actions égyptiennes dans cette réunion.

« Mon cher de Lesseps,

» Les propositions que vous m'avez faites relative-
» ment à une vente en commun des terrains à bâtir
» sur les emplacements où se formeront les villes,
» aux abords du Canal maritime, ont été l'objet de
» ma plus sérieuse attention. Je les ai considérées
» avantageuses en principe et ce qui me retient de
» vous donner définitivement mon autorisation, c'est
» que je désire, dans l'intérêt de ceux qui voudront
» s'établir tout autant que dans celui de mes sujets
» et de mon Gouvernement, que la condition des su-
» jets étrangers établis en Égypte, *à l'égard du pays*,
» soit déterminée de manière à ce que mon Gouver-
» nement et les indigènes n'aient plus à en souffrir.
» Je vais bientôt entrer en négociations à ce sujet
» avec les puissances. Dès que mes négociations,
» comme je l'espère, auront abouti, je me ferai un
» plaisir de vous donner l'autorisation que vous de-
» mandez. (Applaudissements.)

» Agréez, mon cher de Lesseps, l'expression de
» ma sincère amitié.

» Ismaïl.

» A bord du *Mahroussa*, le 12 août 1867. »

Son Altesse Royale avait déjà approuvé le projet qui lui était soumis par la Compagnie dans une lettre adressée à l'Empereur, et avait demandé en même temps l'appui de Sa Majesté pour faire résoudre favorablement la question de juridiction des étrangers en Égypte dans leurs rapports avec les indigènes.

Il résulte clairement du document officiel dont il vient de vous être donné lecture que l'étude attentive faite par le prince sur nos propositions a été complétement favorable et qu'elles ont été jugées avantageuses à l'Égypte aussi bien qu'à la Compagnie.

Il n'est pas question de détruire les Capitulations, le Vice-Roi n'avait ni l'intention ni le pouvoir de le demander. Il ne s'agit que de l'étude et de l'application d'une juridiction pour les Européens dans leurs relations avec les indigènes, juridiction qui n'existe pas.

Les colonies européennes en pays musulman se sont alarmées : elles ont cru qu'on avait le projet de leur enlever des garanties que leur assurent à bon droit les conventions internationales.

Ni le Vice-Roi, auquel nous avons promis et donné notre loyal concours, ni le Gouvernement de l'Empereur n'ont un seul moment songé à s'entendre sur les moyens de priver les Européens établis en Égypte des garanties dont ils jouissent, mais l'on négocie sur les moyens d'augmenter ces garanties en créant un tribunal spécial, devant lequel seraient portées les causes *entre étrangers et indigènes.*

Ce qui se pratique en vertu des Capitulations et ce qui continuera de se pratiquer, c'est de faire juger par le Consulat de France, par exemple, toutes les causes concernant les Français entre eux, et celles concernant les Français et d'autres étrangers, lorsque ces derniers sont demandeurs. Le même système est suivi par les Consulats des autres pays, soit à l'égard de leurs nationaux, soit à l'égard des étrangers demandeurs. Mais lorsqu'il s'agit des réclamations des indigènes contre les étrangers et réciproquement, aucune justice n'est légalement établie. C'est à cette absence de juridiction que l'on désire pourvoir, et, comme le Vice-Roi d'Égypte a été autorisé par firman du Sultan à faire des conventions avec les divers Gouvernements pour régler certaines questions concernant la résidence en Égypte des commerçants européens, on parviendra bientôt, sans aucun doute, à se mettre d'accord sur le meilleur système à adopter, dans l'intérêt de la sécurité des Européens et de la justice territoriale.

Le Conseil d'administration a décidé, quant à présent, que les aliénations de terrains seraient tout à fait exceptionnelles, en faveur seulement des Sociétés de navigation ou des Administrations maritimes qui ont besoin d'avoir des dépôts de charbon. D'un autre côté, comme il ne nous convient plus de faire des avances de fonds pour les constructions de nos villes, nous consentons à céder temporairement des terrains pour les besoins de nos approvisionnements ou pour des établissements qui contribuent à la prospérité de notre entreprise, soit pendant la durée des travaux, soit pendant l'exploitation. Les occupants des terrains cédés dans ces conditions à Port-Saïd s'engagent à nous payer, pendant un temps, limité au maximum de 10 ans, une redevance annuelle de 3 francs par mètre, et à nous restituer terrains et constructions, sans aucune espèce d'indemnité, à l'expiration de leur contrat. (Mouvement.)

Nous sommes dès à présent certains de rentrer successivement dans toutes nos dépenses de création et d'appropriation des terrains de l'isthme, y compris les intérêts. Quant aux sommes très-importantes dont la Compagnie pourra bénéficier en commun avec le Vice-Roi, lorsque notre projet de convention sera réalisé, nous pouvons nous en rapporter à la parole de Son Altesse, dont l'opinion est appuyée sur l'intérêt de l'Égypte. (Vive approbation.)

DÉCRET DE PRÉSENTATION

TRANSMIS SUR LES ORDRES DE L'EMPEREUR PAR LE MINISTRE D'ÉTAT AU PRÉSIDENT DU CORPS LÉGISLATIF.

NAPOLÉON,

Par la grâce de Dieu et la volonté nationale, Empereur des Français,

A tous présents et à venir, salut;

Avons décrété et décrétons ce qui suit :

ARTICLE PREMIER.

Sera envoyé au Corps législatif, par notre Ministre d'État, le projet de loi délibéré en Conseil d'État et ayant pour objet d'autoriser la Compagnie du Canal maritime de Suez à faire une émission de titres remboursables avec lots par la voie du sort.

ART. 2.

MM. L'Hôpital, Goussard et Haudry de Janvry, conseillers d'État, sont chargés de soutenir la discussion de ce projet de loi devant le Corps législatif et le Sénat.

ART. 3.

Notre Ministre d'État est chargé de l'exécution du présent décret.

Fait au palais des Tuileries, le 28 mai 1868.

Signé : NAPOLÉON.

Par l'Empereur :

Le Ministre d'État,

Signé : E. ROUHER.

Pour ampliation et par délégation :

Le Chef du Bureau du Service législatif et de la Comptabilité,

Signé : A.-G. GRAZIANI.

EXPOSÉ DES MOTIFS

DU PROJET DE LOI TENDANT A AUTORISER LA COMPAGNIE DU CANAL MARITIME DE SUEZ A FAIRE UNE ÉMISSION DE TITRES REMBOURSABLES AVEC LOTS PAR LA VOIE DU SORT.

Messieurs,

La Compagnie du Canal maritime de Suez demande l'autorisation d'attacher des lots aux titres d'un emprunt de cent millions de francs qu'elle émet en France, en exécution de la délibération en date du 1er août dernier, par laquelle l'Assemblée générale des actionnaires, en votant cet emprunt, a donné pleins pouvoirs au Conseil d'administration pour déterminer l'époque, le mode, les garanties et les conditions de l'opération.

Le Président du Conseil d'administration avait exposé à cette Assemblée qu'il s'agissait de couvrir le surplus des dépenses sans lesquelles ne pouvait être obtenu l'achèvement du Canal. Il avait attribué l'insuffisance des ressources déjà créées et réalisées (à savoir, le capital social de 200 millions, l'indemnité de 84 millions payée par le Gouvernement du Vice-Roi, à la suite de la sentence arbitrale qui avait terminé ses différends avec la Compagnie et diverses autres recettes) à plusieurs causes dont la principale serait le retard et le surcroît de dépenses provenant des différends mêmes auxquels nous venons de faire allusion. Il avait insisté sur les conséquences onéreuses qu'avait entraînées la substitution du travail libre des Européens au travail par corvée des fellahs, d'abord prévu et réglé par les conventions primitives, et sur les modifications inévitables qu'il avait fallu apporter aux premiers devis. Il avait évalué à 85 millions le complément de fonds à trouver pour faire face aux frais de l'achèvement du Canal, appréciés eu égard à leur état d'avancement et au caractère des dernières études et des derniers marchés passés avec les entrepreneurs. Enfin, il avait cru pouvoir donner l'assurance que, moyennant le sacrifice final d'un emprunt de 100 millions, la Compagnie serait en mesure, à la fin de 1869, d'ouvrir au commerce international la voie terminée.

Depuis cette époque, Messieurs, les travaux ont continué avec activité et ils continuent encore. Mais l'emprunt, qui doit seul permettre de les poursuivre jusqu'au bout, n'a encore été souscrit que jusqu'à concurrence de 32 millions environ, et c'est pour en placer le reste avec la rapidité dont elle a besoin que la Compagnie veut faire au public un appel nouveau et plus décisif, ayant la confiance qu'il y répondra plus complètement et plus immédiatement, si, aux avantages qu'assurait déjà la souscription des obligations, émises au prix de 300 francs, remboursables à 500 francs et produisant un intérêt de 25 francs par an, venait s'ajouter l'avantage, offert aussi bien aux souscripteurs d'hier qu'aux souscripteurs de demain, de lots à distribuer par voie de tirage au sort, jusqu'à concurrence d'une somme annuelle de 1 million représentant 1 pour 100 du capital emprunté.

Mais il va s'agir d'une combinaison présentant accessoirement un mélange de chances aléatoires et offrant au public l'espérance d'un gain à acquérir par la voie du sort; aussi la Compagnie, se préoccupant de l'application qui pourrait être faite ou de l'interprétation qui pourrait être invoquée contre elle des principes de notre législation générale, sollicite une disposition législative spéciale, telle que celles qui sont déjà intervenues à diverses reprises en d'autres circonstances justifiant pareille faveur.

Le Gouvernement, Messieurs, ne pouvait méconnaître l'intérêt que la France porte à l'œuvre du Canal de Suez. Entreprise par un Français qui la poursuit avec une ardeur et une conviction dont l'éloge n'est plus à faire, elle a été adoptée par un grand nombre de nos compatriotes propriétaires de la majeure partie des actions. C'est à la France que l'histoire saura gré et de l'initiative et de la persévérance. Le Corps législatif sera donc tout disposé (nous n'en doutons pas) à prendre en grande considération les efforts que la Compagnie est obligée de multiplier et auxquels elle attache la confiance du succès.

Toutefois, la Société du Canal de Suez n'est pas et ne peut pas être une Société française. D'origine nationale, elle travaille sur un territoire étranger, dans un but international pour le commerce de tous les pays et pour le progrès général de la civilisation. Elle s'intitule Compagnie universelle; son siége est à Alexandrie. Sous réserve d'obéir aux lois de la France, en tant qu'elle agit en France, où son administration est constituée, elle doit garder entières son indépendance et sa responsabilité.

Aussi ne pouvions-nous songer à vous proposer

de lui prêter un concours qui aurait pu avoir pour conséquence, ou même seulement pour apparence, l'immixtion directe ou indirecte de l'État dans ses affaires, ou la garantie par l'État à un degré quelconque, soit de l'entreprise, soit de l'emprunt.

Des calculs nous ont été présentés, tendant à faire ressortir que l'emprunt trouverait sa garantie en lui-même, dans la sécurité que comportent l'état d'avancement des travaux et la prévision des recettes que la Société peut espérer du transit à venir sur le canal maritime, de l'exploitation du transit provisoire, enfin de la vente des terrains. Ils ont fixé notre attention, mais seulement comme un appel sérieusement fait par le Conseil d'administration à la libre confiance des capitaux particuliers engagés ou près de s'engager dans l'affaire. L'État n'en fait point (et du reste on ne lui a pas demandé d'en faire) la base d'aucune combinaison qui eût été de nature à mêler en quoi que ce soit, dans le présent ou dans l'avenir, ses intérêts financiers à ceux de la Compagnie.

Messieurs, l'encouragement qui vous est demandé et que vous accorderez à la Compagnie du Canal maritime de Suez, en raison du caractère exceptionnel de son œuvre, sera donc uniquement dans l'autorisation législative d'attacher des lots aux titres de son emprunt. C'est là déjà du reste un témoignage précieux d'une sympathie que le législateur a quelquefois accordée, mais qu'il n'a jamais prodiguée sous cette forme.

Vous remarquerez, Messieurs, qu'en permettant à la Compagnie de faire intervenir l'aléa dans les avantages que pourra offrir son emprunt, le projet de loi s'attache à en limiter la proportion, et à lui mesurer sa part. Toutes précautions sont prises pour que chaque obligation souscrite conserve le caractère du placement sérieux d'une somme remboursable, produisant un intérêt à servir régulièrement, auquel s'attache, seulement à titre d'accessoire, une chance de lot qui n'est ni le but, ni la pensée, ni la raison d'être de l'entreprise elle-même.

Dans ces conditions ainsi précisées, et dans les circonstances dont l'intérêt spécial vous est connu, nous soumettons, Messieurs, avec confiance, le projet de loi à l'examen bienveillant du Corps législatif.

Signé à la minute :

Le conseiller d'État, rapporteur,

G. L'Hopital.

Les commissaires du gouvernement sont :

MM. L'Hopital, Ch. Goussard, Haudry de Janvry, conseillers d'État.

Certifié conforme :

Le conseiller d'État,
Secrétaire général du Conseil d'État.

Signé : de la Noue-Billault.

CORPS LÉGISLATIF.

NOMINATION DE LA COMMISSION

CHARGÉE D'EXAMINER LE PROJET DE LOI.

Les bureaux de la Chambre ont nommé leurs Commissaires.

En voici les noms :

1er bureau : M. le baron de Lespérut.
2e bureau : M. Larrabure.
3e bureau : M. le comte Welles de la Valette
4e bureau : M. Pagézy.
5e bureau : M. Terme.
6e bureau : M. E. Ollivier.
7e bureau : M. Dollfus.
8e bureau : M. Chesnelong.
9e bureau : M. le comte Caffarelli.

RAPPORT

FAIT AU NOM DE LA COMMISSION (1) CHARGÉE D'EXAMINER LE PROJET DE LOI AYANT POUR OBJET D'AUTORISER LA COMPAGNIE DU CANAL MARITIME DE SUEZ A FAIRE UNE ÉMISSION DE TITRES REMBOURSABLES, AVEC LOTS, PAR LA VOIE DU SORT, PAR M. LARRABURE, DÉPUTÉ AU CORPS LÉGISLATIF.

MESSIEURS,

Une idée hardie et féconde fut conçue un jour, par un vaste esprit, par un Français, M. Ferdinand de Lesseps. Examinant la carte du globe, réfléchissant aux obstacles matériels qui éloignaient l'une de l'autre les deux plus riches parties de l'ancien monde, l'Europe et l'Asie, il voyait s'interposer entre elles, d'une part l'immensité des terres avec leurs lentes et difficiles communications; d'autre part l'immensité des mers avec leur navigation contournée, à la fois longue et périlleuse. Sur un point donné, une simple langue de terre séparait notre Méditerranée et les mers de l'Asie; et, pour les communications, cette langue de terre équivalait à des milliers de lieues. Si on perçait cette langue de terre, si on y pratiquait un Canal maritime, la mer d'Europe serait unie à la mer Rouge et à l'océan Indien. Une rapide navigation rapproche-

(1) Les Conseillers d'État, Commissaires du Gouvernement, chargés de soutenir la discussion du projet de loi, sont MM. L'Hôpital, Goussard et Haudry de Janvry.

rait d'environ trois mille lieues ces contrées, d'ailleurs si favorisées du ciel.

Ce fut une inspiration de génie !

M. de Lesseps médita longtemps son projet. Après l'avoir mûri, il le livra au monde, et le monde fut frappé de sa grandeur et des immenses résultats qui en pouvaient naître. Ce n'était pas une de ces conceptions égoïstes, suggérées par l'intérêt isolé d'une nation. Non; elle avait un caractère plus élevé, un caractère d'intérêt universel. Aussi, tous les peuples y applaudirent.

Ils furent tous conviés à participer à son exécution, comme ils devaient tous participer à ses bienfaits. M. de Lesseps constitua une Compagnie sous le nom de : *Compagnie universelle du Canal maritime de Suez*.

Le Canal exécuté, quels résultats le monde pouvait-il se promettre ?

L'Asie Mineure, l'Afrique septentrionale, l'Europe entière toucheraient, en un temps relativement court, aux régions de l'Inde, de la Chine, du Japon. La jeune et vigoureuse civilisation de l'Occident donnerait la main de plus près à la civilisation antique, mais allanguie et incomplète de l'Orient. La distance qui les avait si longtemps séparées, étant beaucoup amoindrie, les idées, les produits commerciaux des deux extrémités de l'ancien monde s'échangeraient rapidement, et cet échange rapide enfanterait les plus heureuses conséquences pour l'humanité.

Quelle est, Messieurs, la conclusion de ces prémisses? La voici : si cette grande entreprise s'achève elle sera la gloire du dix-neuvième siècle, comme elle assurera un nom immortel à son promoteur, M. de Lesseps.

Mais que d'obstacles n'a-t-il pas rencontrés ! — obstacles venus des hommes, obstacles opposés par la nature ! Son courage ne s'est pas rebuté; il savait que les grandes choses ne s'accomplissent qu'au prix de rudes épreuves, au prix de cruels mécomptes.

Aux épreuves venues des hommes, il a opposé de fortes convictions, la foi persévérante en son œuvre, et la Compagnie qui s'est associée à cette œuvre, s'est associée aussi à la confiance de son auteur, l'a suivi avec une fermeté égale.

Mais, quant aux mécomptes financiers, le courage ne suffit pas : la Compagnie a besoin que les généreux amis de tous les progrès humains lui viennent en aide.

Les causes des mécomptes financiers sont connues; elles ont été diverses :

En premier lieu, on doit s'attendre à en rencontrer toujours dans des entreprises aussi colossales ;

En second lieu, les différends survenus avec les gouvernements ont causé des retards, des temps d'arrêt qui se sont traduits en augmentation de dépenses ;

En troisième lieu, d'après les conventions premières les travaux devaient s'exécuter par corvées de fellahs ; elles furent promises à la Compagnie, puis retirées. Il a fallu leur substituer le travail libre des Européens avec un immense surcroît de frais. A l'insuffisance des bras qu'on pouvait ainsi recruter, il a fallu suppléer par la création de magnifiques, mais très-dispendieux engins de travail ; le matériel mécanique, ainsi créé, a coûté 60 millions ;

En quatrième lieu, des difficultés de terrain, imprévues et imprévoyables, ont immensément dépassé les devis des ingénieurs.

Nous omettons d'autres causes de détails qui, réunies, ont concouru à aggraver les dépenses.

La Compagnie s'est ainsi trouvée jetée très-loin de ses prévisions.

Elle estime aujourd'hui qu'il lui faudra encore 100 millions pour achever son Canal.

Elle les demande aux capitaux libres de la France.

La France, toujours attirée par les œuvres qui ont un caractère de grandeur et de générosité, par les œuvres qui, comme celle-ci, doivent propager au loin son nom, ses idées, son influence, la France a déjà fourni à l'entreprise la plus forte partie de son capital social. De son côté le pacha d'Égypte lui a prêté une généreuse assistance, non-seulement une assistance morale par ses sympathies, mais une assistance effective par ses capitaux, car le pacha d'Égypte est devenu, et reste toujours, le plus fort actionnaire de la Compagnie.

La France peut-elle l'abandonner aujourd'hui ? Peut-elle la laisser tomber ? Ce serait un immense malheur. Non, Messieurs, la plus magnifique conception du siècle ne périra pas ! Non, le sol égyptien, que le Canal devait rendre si célèbre et si prospère, ne restera pas jonché de ruines, et de ruines en grande partie françaises ! Les anciennes barrières entre l'Orient et l'Occident ne se relèveront plus.

Tout se réunit pour faire désirer l'achèvement du Canal.

Quant à la France, un juste orgueil national y est intéressé; de plus, ses capitaux y sont déjà. Enfin, d'importantes considérations commerciales y sont engagées.

Messieurs, jetez les yeux sur la carte, vous reconnaîtrez que, par sa position géographique, la France méridionale sera l'intermédiaire principal de l'immense mouvement qu'on peut prévoir.

Depuis que les rapports européens avec les vastes pays qu'on appelle l'Inde, la Chine, le Japon, se sont multipliés, l'isthme de Suez, étant l'obstacle, avait fait dévier la navigation générale vers l'Atlantique, le cap de Bonne-Espérance, les mers de l'Inde. L'isthme étant percé, tout changera. Le bassin de la Méditerranée reprendra la plus grande partie de ce mouvement. Sa mer, longtemps désertée, en sera le double point de départ et d'arrivée. Dans cette conquête nouvelle de la Méditerranée, la France aura une part prépondérante. C'est chez elle surtout qu'afflueront les nouveaux courants des populations et des transactions. L'instinct populaire ne s'y trompe pas. Voyez avec quelle impatience fiévreuse le midi de la France attend que l'isthme soit percé, qu'il ouvre de nouvelles voies avec ces régions merveilleuses de l'Orient. C'est une révolution qu'on pressent; c'est alors qu'apparaît dans toute sa fécondité la grande pensée de M. de Lesseps.

Messieurs, soyez-en sûrs, le Canal de Suez doit considérablement grandir notre rôle et nos destinées d'avenir. De quelque manière qu'on envisage aujourd'hui cette affaire, sa bonne fin devient pour nous un intérêt national. Nous espérons que les hautes fortunes du pays, s'inspirant d'un sentiment patriotique, croiront devoir accorder à la Compagnie le concours qui lui est nécessaire. Quel plus noble usage feraient-elles de leur puissance financière?

Cependant les nouveaux capitaux que l'on sollicite aujourd'hui courent-ils risque d'être compromis? Quelle est la situation de la Compagnie? Quelles sûretés offre-t-elle à l'emprunt de 100 millions? Quelles sont les prévisions d'avenir qu'elle peut calculer ? Enfin, quelles raisons a-t-elle de croire qu'avec les 100 millions tout sera terminé; qu'il n'y a pas à craindre de nouveaux mécomptes et un nouvel emprunt?

A la rigueur, la mission de votre Commission n'allait pas, Messieurs, jusqu'à poser ces questions pour les éclaircir. Cependant, sa sollicitude ayant été éveillée, elle a cru, à titre de simple information, devoir entendre les représentants de la Compagnie. Si la Commission fait des vœux pour le succès de l'emprunt, elle n'entend ni exciter à prendre des titres ni mesurer leur valeur à aucun degré. Elle livre à la publicité les réponses qui lui ont été faites sans prendre à cet égard, bien entendu, aucune responsabilité, même morale. C'est à chacun des intéressés, le cas échéant, à contrôler les renseignements que nous nous bornons à reproduire comme on nous les a donnés. C'est à chacun, dans sa liberté, à ses risques et périls, à prendre part à cet emprunt, s'il veut lui accorder sa participation.

Ces réserves formelles étant faites, votre Commission a reçu les communications ci-après de MM. les présidents du Conseil d'administration :

Les titres à émettre sont des titres d'Obligation, des titres d'emprunt. Les 100 millions ainsi empruntés auront pour premier gage le Canal lui-même et ses produits. Ils auront pour hypothèques de vastes terrains situés le long du Canal, sur une largeur de 200 mètres, à droite et à gauche de ses rives, et encore d'autres terrains propres aux constructions, dans les diverses villes du parcours. On peut prévoir la valeur considérable qu'ils acquerront depuis l'ouverture du Canal, à mesure que la navigation y attirera le mouvement de la vie. Les produits du Canal appartiendront aux Obligations, par priorité, pour les intérêts, les lots et leur amortissement successif, qui s'effectuera en cinquante ans.

Quant à ses produits, quelles prévisions est-il possible de calculer? Il faut chercher les éléments du calcul dans le mouvement commercial aujourd'hui observé et connu.

Le passage par les Dardanelles est annuellement de 6 millions de tonneaux.

Le mouvement extérieur du seul port de Liverpool est aussi de 6 millions de tonneaux, non compris son cabotage avec les autres ports de la Grande-Bretagne, qui le double.

Le mouvement du commerce extérieur de Marseille est d'environ 4 millions de tonneaux.

Le passage du cap de Bonne-Espérance est évalué à 9 millions de tonneaux.

Ce sont des points de comparaison.

Si l'on pense que le Canal de Suez doit concentrer

une grande partie de ce mouvement commercial; que c'est par lui que s'opérera le double transit d'Europe en Asie, et d'Asie en Europe, est-il téméraire d'affirmer que le passage annuel du Canal de Suez sera *au moins* de 6 millions de tonneaux, et que cette estimation restera probablement bien au-dessous de la réalité? Or, le péage de cette traversée doit coûter 10 francs par tonneau : la Compagnie obtiendrait ainsi un revenu d'au moins 60 millions de francs par an.

C'est largement supputer ses charges annuelles d'administration, de contributions, d'entretien, etc., que de les porter à 10 millions de francs. L'intérêt, les lots, l'amortissement des 100 millions, aujourd'hui empruntés, doivent coûter environ 9 millions et demi; portons-les à 10 millions en chiffres ronds. Ces charges déduites, il resterait encore 40 millions de produits nets pour le capital social de 200 millions formé par les Actions.

Si on veut considérer isolément la charge annuelle à couvrir pour les 100 millions aujourd'hui empruntés, il suffirait pour la couvrir, d'un passage annuel de 2 millions de tonneaux, qui produiraient 20 millions de francs par an, savoir :

10 millions pour les frais généraux de toutes espèces;

10 millions pour satisfaire et éteindre l'emprunt de 100 millions.

Telles sont les sûretés offertes à l'emprunt.

En résumé, le canal achevé, la Compagnie aurait:

1° Un passif de 100 millions de dettes et 200 millions d'Actions, total 300 millions de francs;

2° Pour actif, la possession du canal, ses produits,

et des terrains considérables dont la valeur doit s'accroître dans des proportions qu'on ne saurait chiffrer aujourd'hui, mais dont l'esprit peut calculer l'importance.

Les 100 millions d'emprunt suffiront-ils, pour le complet achèvement du canal, jusqu'à le mettre à fruit? La Compagnie en a la ferme conviction. Elle ne marche plus sur un terrain inconnu comme au commencement de l'entreprise : aujourd'hui tout est sondé, exploré, reconnu. Les travaux qui restent à exécuter sont appréciés, et même concédés par traités déjà passés. Les éventualités seront désormais insignifiantes.

Pour ce qui reste à faire, les charges prévues et les moyens d'exécution peuvent se calculer ainsi :

Sur l'emprunt de 100 millions de francs, il y en a déjà 31 millions réalisés : avec l'encaisse existant ou assuré, et l'excédant de l'emprunt à réaliser, la Compagnie aura à sa disposition... Fr. 118,000,000

Les travaux adjugés, les intérêts des Actions et des Obligations à payer, les travaux en régie (peu importants), le matériel de traction, les frais de contrôle et d'administration à payer, jusqu'à l'achèvement complet, doivent lui coûter 107,000,000

Il lui restera un solde libre de... Fr. 11,000,000

Telle est, dit l'administration de la Compagnie, l'ensemble des garanties; tels sont les éléments de certitude qu'elle offre loyalement aux prêteurs des 100 millions comme à ses actionnaires.

Nous reproduisons fidèlement, Messieurs, les renseignements fournis à Votre Commission. Nous les redirons au public, sous les réserves exprimées, afin qu'il ait une base à ses propres investigations et à son contrôle.

Si Votre Commission ne veut aucune responsabilité, le gouvernement, dans son exposé des motifs, déclare que l'État ne saurait en prendre aucune non plus. Par la loi, il a voulu donner à la Compagnie un témoignage de bienveillant intérêt, une facilité de plus pour le succès de son emprunt. Mais le Gouvernement doit rester libre, il n'entend engager de garantie d'aucune sorte, directement ni indirectement, à l'égard des prêteurs, et votre Commission l'approuve hautement.

C'est ici le lieu d'examiner l'amendement suivant qui nous a été proposé par l'honorable M. d'Andelarre:

Il est ainsi conçu :

Article unique. — Supprimé.

Article premier.

Il est accordé par l'État une subvention de dix millions (10,000,000) à la Compagnie du Canal maritime de Suez pour contribution à l'achèvement de ses travaux. Cette subvention sera payable par annuités de un million (1,000,000) par an.

Art. 2.

La première annuité de cette subvention sera inscrite au projet de loi relatif aux crédits supplémentaires de 1868; la seconde, au projet de budget extraordinaire de 1869.

L'honorable M. d'Andelarre est venu devant la Commission développer les motifs de son amendement. Il l'a fait dans les termes excellents qui lui sont familiers, et qui ne manquaient ni de force ni de valeur à son point de vue.

Malheureusement, le point de vue de la Commission ne pouvait pas être le sien, comme on vient de le voir.

Ce que nous avons dit plus haut vous fait pressentir, Messieurs, les résolutions de la Commission relativement à cet amendement. Sans doute, votre Commission, comme la Chambre, comme toute la France, partage les sympathies que notre honorable collègue témoigne à la Compagnie de Suez. Mais si l'intérêt que nous portons à son sort est vif et sincère, les plus hautes considérations politiques commandent au Gouvernement français de ne prendre aucune ingérence, aucune part à son administration, à sa marche, à ses combinaisons financières. Nous devons désirer que la Compagnie maintienne soigneusement son titre et son caractère de *Compagnie universelle.* C'est ce qui doit faire sa force, sa grandeur, son succès. Notre conviction est tellement arrêtée à cet égard, que nous exprimons l'espoir qu'un jour toutes les nations s'entendront pour neutraliser le Canal de Suez, et pour consacrer cette neutralité par une garantie solennelle et collective.

Par ces motifs, votre Commission, tout en rendant hommage aux généreuses intentions de l'honorable M. d'Andelarre, n'a pu adopter son amendement.

Messieurs, nous avons réservé pour la fin la seule question qui a fait recourir au législateur.

La Compagnie veut émettre des titres d'obligations remboursables AVEC LOTS par la voie du sort.

Devons-nous concéder cette forme d'emprunt?

Messieurs. sur cette question, des scrupules respectables ont été manifestés, soit au sein de la Commission, soit dans quelques bureaux. Nous devons les faire connaître.

On a demandé si les lots ne ressemblent pas beaucoup aux loteries qui ont été défendues par la loi du 21 mai 1836, et s'il était bon de les encourager.

On a répondu que l'assimilation était justement contestable; qu'en y regardant de près, on devait reconnaître des dissemblances qu'il fallait faire ressortir et préciser.

La loi de 1836 a interdit les loteries, il est vrai; mais les loteries pures, c'est-à-dire des combinaisons dans lesquelles les mises de fonds étaient perdues pour les participants que le sort ne favorisait pas. Il y a dans les loteries un gagnant ou un petit nombre de gagnants, et beaucoup de perdants: c'est du jeu.

Les lots ont un autre caractère. A quoi se rattachent-ils? A un placement régulier. Les mises de fonds, c'est-à-dire les capitaux placés, ne sont perdues pour personne. Leur conservation et leur remboursement sont assurés : l'intérêt rémunérateur du capital placé est également assuré, année par année. C'est un prêt à certaines conditions : c'est un placement légitime, qui n'est exposé qu'aux chances ordinaires qu'on court dans toutes les affaires. Seulement, par un surcroît d'avantage, l'emprunteur promet au prêteur une autre portion d'intérêt, ou si l'on veut une prime, sous forme de lots à distribuer par tirage au sort. Ce surcroît est un avantage accordé par l'emprunteur sans nuire au prêteur. Il est une charge pour l'emprunteur, qui espère le retrouver dans le bénéfice de son entreprise. Il associe le prêteur à une portion de ce bénéfice, sans lésion quelconque à son intérêt, sous une forme qu'il cherche à rendre attrayante.

La différence est sensible entre les loteries défendues par la loi de 1836, et les lots attachés aux emprunts. Postérieurement à la loi de 1836, les lots ont été diverses fois consacrés par diverses lois. Ils ont été autorisés pour des emprunts de la Ville de Paris, pour des opérations du Crédit foncier de France, etc.

Ce système de lots est-il sans inconvénients? Nous ne saurions le soutenir d'une manière absolue. Il peut avoir quelques mauvais côtés; il peut éveiller quelques cupidités, la majorité de la Commission le reconnaît; mais quelle est la combinaison humaine qui soit absolument à l'abri de toute objection? Comparer pour chacune d'elles le bien au mal, tel est le rôle du législateur. C'est à lui d'apprécier les espèces. Il ne doit pas prodiguer les autorisations des lots; mais, sauf à discerner, il a toujours le droit de légitimer les lots par la loi.

Ces distinctions établies, nous avons dû nous demander, dans l'espèce, si une nouvelle autorisation pouvait être concédée en faveur de la Compagnie de Suez. Considérant la nécessité de cette autorisation, qui peut seule assurer le succès de l'emprunt; considérant la grandeur du but à atteindre, votre

Commission s'est décidée pour l'affirmative. L'emprunt est nécessaire si on veut achever le canal; il est urgent, car les travaux ne sauraient s'arrêter. Il arrivera sur le marché au moment où d'autres emprunts sont en concurrence et sollicitent les capitaux disponibles pour des sommes touchant à 1 milliard. L'attrait des lots attachés aux obligations de la Compagnie de Suez paraît indispensable pour faire réussir son emprunt, et il faut qu'il réussisse!

L'ensemble de ces considérations engage votre Commission, Messieurs, à vous proposer l'adoption de la loi. Dans le texte du projet qui vous a été distribué, on avait omis les mots limitatifs ci-après: *jusqu'à concurrence de cent millions.* Sur un amendement de la Commission, l'omission a été reconnue par le Conseil d'État. La limitation a été réintégrée dans la rédaction.

RAPPORT

PRÉSENTÉ AU SÉNAT LE 30 JUIN 1868 PAR M. LE VERRIER, SUR UNE LOI AUTORISANT LA COMPAGNIE DU CANAL MARITIME DE SUEZ A FAIRE UNE ÉMISSION DE TITRES REMBOURSABLES AVEC LOTS PAR LA VOIE DU SORT.

Messieurs les Sénateurs,

A de longs intervalles, dans la suite des temps, les hommes se livrent à de grandes entreprises qui attirent à leurs auteurs le blâme ou la reconnaissance de leurs contemporains et portent dans les âges les plus reculés le nom de ceux qui les ont accomplies. Quatre mille ans se sont écoulés depuis qu'au pied de l'orgueilleuse Memphis on élevait ces monuments gigantesques dont la masse a jusqu'ici défié le temps, œuvres colossales dont le sens et la destination restent pour nous un mystère. Aujourd'hui, dans ces mêmes contrées, et à l'horizon de ces mêmes monuments antiques, s'accomplit un autre travail immense, mais d'une nature bien différente. Il ne s'agit plus d'entasser pierre sur pierre, mais de réaliser une des plus grandes œuvres qu'on puisse attendre de la civilisation moderne, la destruction de la barrière naturelle qui, séparant les eaux de l'océan Atlantique et de la Méditerranée de celles de la mer Rouge et de l'océan Indien, oppose un obstacle permanent aux faciles relations de l'Europe et de l'Asie. De hardis pionniers, nos compatriotes, ont entrepris de rendre à la Méditerranée la route que le commerce avait suivie dès la plus haute antiquité, route qu'elle perdit il y a bientôt quatre siècles, après que Vasco de Gama eut doublé le cap des Tempêtes et abordé par cette voie nouvelle à Calicut.

L'idée de couper l'isthme de Suez dut se présenter de siècle en siècle aux esprits novateurs et puissants, dès que la civilisation se fut étendue sur les bords du Nil. Cette langue de terre, jonction de l'Afrique et de l'Asie, a joué à toutes les époques un rôle considérable dans les destinées du monde. Les Perses après les Pharaons, les Grecs, les Romains, les Arabes se sont successivement emparés des bouches du Nil, et tous se sont préoccupés de la jonction des eaux de ce fleuve avec celles de la mer Rouge. Six cents ans avant Jésus-Christ, Néchao II entreprend la construction d'un canal, sans pouvoir le terminer. Darius, le fils du conquérant, reprend l'entreprise deux siècles plus tard, puis l'abandonne à son tour. Les Ptolémées achèvent enfin le canal, et les Romains le perfectionnent sous le règne d'Adrien. Cette voie, qui suffisait alors pour joindre commercialement l'Égypte et l'Arabie, fut obstruée dans le VIIIe siècle par l'ordre d'un des grands capitaines des Maures, afin qu'on ne transportât pas des blés à Médine et à la Mecque, qu'il voulait affamer.

Le canal des Pharaons, joignant l'extrémité nord du golfe Heroopolite (Suez) à la branche pélusiaque du fleuve, sur un parcours de 150 kilomètres, ne pouvait guère servir qu'à un commerce local ; cette branche du Nil n'est, d'ailleurs, plus navigable. Couper l'isthme lui-même du nord au sud, joindre la mer Rouge et la Méditerranée par un canal maritime permettant aux bâtiments de commerce de la plus grande dimension de passer librement d'une mer à l'autre sans rompre charge est une entreprise plus grandiose, mais en même temps d'une simplicité relative dont nous devons nous rendre compte. Nous comprendrons ainsi la confiance avec laquelle la Compagnie internationale qui a entrepris cette grande œuvre s'adresse à nous pour nous demander une simple autorisation nécessaire, suivant elle, à la poursuite de ses travaux.

La vallée du Nil et le golfe étroit de Suez courent parallèlement l'un à l'autre et à peu près du Sud au Nord, séparés par des terres et des mamelons élevés. Tandis que la vallée du fleuve va sans cesse en s'abaissant vers la Méditerranée, le fond du golfe, au contraire, se relève lentement et il émerge enfin de la mer à Suez, à la hauteur du Caire, et à 130 kilomètres à l'Est de cette ville. A partir de Suez, dans la direction du Nord et jusqu'à la Méditerranée, le sol reste très-bas, ne s'exhaussant en général qu'à un mètre ou deux au-dessus du niveau des mers; en un seul point, à El-Guisr, l'élévation, sur une très-courte étendue, est de 15 mètres. Mais, par compensation, on rencontre de profondes dépressions. La différence des niveaux moyens de la mer Rouge et de la Méditerranée n'est elle-même que de $0^m,68$. Cette ligne de parcours aboutit au Nord, aux environs de l'ancienne Péluse, à 60 kilomètres à l'Est de la bouche de Damiette. C'est dans cette vallée de Suez qu'est possible le tracé d'un canal, et c'est là qu'il se construit en effet.

Mentionnons un vallon latéral qui, partant du milieu de la vallée de Suez, là où se trouve aujourd'hui le lac Timsah, court vers l'Ouest rejoindre le Nil au Caire; ce vallon a joué un rôle important dans l'exécution des travaux.

C'est un point de la plus haute importance que les niveaux moyens des deux mers ne diffèrent l'un de l'autre que de $0^m,68$; cette donnée est établie avec une entière certitude.

Après avoir conquis l'Égypte, à la fin du siècle dernier, le général Bonaparte, à la tête de la commission scientifique qu'il avait emmenée de France, voulut rechercher l'ancien canal des Pharaons, et, le premier, il en découvrit les traces. Il donna l'ordre d'exécuter un nivellement de l'isthme et de préparer les plans d'un canal. Accomplies au milieu de difficultés de toute nature, les opérations de nivellement de Le Père conduisirent à un résultat assez erroné, suivant lequel le niveau de la mer Rouge eût été fort supérieur à celui de la Méditerranée; inconvénient majeur parce qu'il eût forcé de pourvoir le canal d'écluses. Cette erreur a longtemps pesé sur les projets relatifs à la coupure de l'isthme.

Ce fut en 1846 seulement qu'une association, dont faisaient partie Linant-Bey, ingénieur du vice-roi d'Égypte, Stephenson et M. Paulin Talabot, l'éminent directeur du chemin de Lyon, fit enfin effectuer un nivellement complet et exact de l'isthme. L'opération fut confiée à Bourdaloue, l'ingénieur le plus capable en ces matières, et qui depuis a effectué par les mêmes procédés le nivellement d'une grande partie de la France. Deux mesures furent exécutées pour plus de garantie, l'une de Suez à Tinch, près de Péluse, l'autre de Tinch à Suez. Leur ensemble, en prouvant qu'il n'y a entre les deux mers qu'une minime différence, montre qu'on peut se borner à ouvrir une communication libre; et qu'en tenant compte des marées à Suez les courants qui en résulteront dans le canal seront assez faibles pour qu'on puisse laisser les berges dans leur état naturel, sauf du côté de Suez, où il faudra les empierrer.

Le projet alors élaboré par M. Talabot consistait à joindre Suez au Caire par une première section de canal à très-grande dimension. On devait traverser le fleuve librement ou sur un pont-canal, et de là gagner Alexandrie par une seconde section. Ce projet, qui eût eu l'avantage de desservir Alexandrie et le Caire, avait le double inconvénient d'être très-dispendieux et d'annuler une partie des travaux destinés à l'irrigation de la basse Égypte. Le canal direct de Suez à Péluse, repris en 1854 par M. de Lesseps, exige de moindres dépenses, et, ne touchant point au système hydraulique de la basse Égypte, il pouvait être autorisé par le gouvernement du Vice-Roi.

Le 30 novembre, en effet, de cette année 1854, intervient une première concession du Vice-Roi, Mohammed-Saïd, autorisant M. de Lesseps à constituer et à diriger une compagnie, sous le nom de Compagnie universelle du Canal maritime de Suez, pour le percement de l'isthme, l'exploitation d'un passage propre à la grande navigation, la fondation ou l'appropriation de deux entrées suffisantes, l'une sur la Méditerranée, l'autre sur la mer Rouge, et l'établissement d'un ou de deux ports. La durée de la concession est de quatre-vingt-dix-neuf ans à partir du jour de l'ouverture du Canal des deux mers. Les travaux seront exécutés aux frais exclusifs de la Compagnie, à laquelle tous les terrains nécessaires et n'appartenant pas à des particuliers seront concédés à titre gratuit. La Compagnie est en outre autorisée, dans le cas où elle le jugerait nécessaire, à rattacher par une voie navigable le Nil au passage direct de l'isthme... et, dans ce cas, le Gouvernement égyptien abandonnerait à la Compagnie les terrains du domaine public, aujourd'hui incultes, qui seraient arrosés ou cultivés à ses frais ou par ses soins. La présente concession devra être ratifiée par S. M. I. le Sultan.

Le 19 mai de l'année suivante, 1855, les ingénieurs du Vice-Roi sont autorisés à préparer les éléments du projet définitif. Ce projet, une fois achevé, fut soumis à une commission internationale. La France, l'Égypte, l'Angleterre, l'Espagne, la Sardaigne, la Hollande et l'Allemagne étaient représentées par les hommes les plus compétents et les ingénieurs les plus distingués; en sorte que rien n'a manqué à l'étude approfondie des plans d'exécution.

Un deuxième acte de concession intervient à la date du 5 janvier 1856, pour régler d'une part les charges, obligations et redevances auxquelles la Société sera soumise; d'autre part, les concessions, immunités et avantages auxquels elle aura droit. Il est stipulé, entre autres, que les travaux seront conduits de manière à être terminés dans un délai de six années, sauf les empêchements et retards provenant de force majeure; que les quatre cinquièmes au moins des ouvriers employés aux travaux seront Égyptiens. Un acte du 20 juillet règle cet emploi des ouvriers indigènes et porte qu'ils seront fournis par le Gouvernement égyptien.

En même temps (26 juillet 1856), paraissent les statuts de la Société. Le fonds social est fixé à 200 millions de francs, représentés par 400,000 actions. 177,642 de ces actions ont été souscrites par le Vice-Roi.

Les travaux sur le terrain sont commencés le 25 avril 1859 à l'endroit où sera plus tard bâti Port-Saïd.

C'est le sort de toute entreprise considérable de soulever les jalousies, les rivalités, les ambitions inquiètes et de mesquines passions qui s'appliquent à tout entraver. On assure même que c'est le *criterium* auquel on reconnaît les grandes œuvres. Cette consécration des attaques injustes, des intrigues sourdes et de luttes ardentes à soutenir, n'a pas manqué à l'œuvre de Suez.

Il fallait un prétexte, spécieux au moins. On le trouva dans les immunités accordées à la Compagnie au sujet des terrains, immunités dont on fit sortir des difficultés internationales; on le trouva dans les corvées d'ouvriers égyptiens fournies par le Gouvernement du Vice-Roi. Ces difficultés exploitées, grossies outre mesure, furent portées à Constantinople par des amis puissants, et les années s'écoulèrent sans que la ratification du Sultan pût être obtenue.

Cependant le règlement du conflit fut soumis en dernier lieu à l'arbitrage de l'Empereur des Français, dont la sagesse sut pourvoir à tout. Par une sentence de Napoléon III, rendue le 6 juillet 1864, et qui a reçu sa pleine et entière exécution, la corvée est supprimée; les terrains accordés à la Compagnie par les actes de 1854 et de 1856 sont rétrocédés. En revanche, les terrains nécessaires à l'exploitation et à la conservation du canal d'eau douce et du canal maritime et qui devront être mis à la disposition de la Compagnie sont, sur le rapport d'une Commission dont faisait partie notre honorable collègue M. l'inspecteur général Mallet, délimités et fixés à un ensemble de 10,264 hectares; une indemnité de 84 millions sera soldée à la Compagnie par le Gouvernement égyptien, indemnité payable par annuités dont la première est échue en 1864, et la dernière tombera en 1879.

En conséquence, un firman donné à Constantinople le 19 mars 1866, « reconnaissant que les conférences viennent d'aboutir d'une façon conforme pour le présent et pour l'avenir aux droits sacrés de la Porte comme à ceux du Gouvernement égyptien, accorde l'autorisation souveraine de S. M. I. le Sultan à l'exécution du canal de Suez, destiné à donner de nouvelles facilités au commerce et à la navigation, à l'exécution de ce grand œuvre l'un des événements les plus désirables de ce siècle de science et de progrès. »

S'il a fallu plus de onze années de sollicitations, de persévérance, de luttes, pour en venir à ce point, le Sénat voit que du moins la Compagnie a su conquérir une position parfaitement régulière, que les difficultés internationales ont disparu, et qu'on se trouve désormais uniquement en face de la situation scientifique et des conditions financières de l'entreprise.

La Compagnie avait compté sur la possibilité d'exécuter les travaux en six années et sur l'emploi des ouvriers égyptiens, dont la paye était peu élevée. On comprend quel trouble les longs délais qu'elle a eu à subir ont apporté dans ses combinaisons financières; les intérêts à solder aux actionnaires pendant la période des travaux s'élèveront à eux seuls à une somme de 70 millions. D'un autre côté, il a fallu emprunter à l'Europe des ouvriers dont la venue a fait monter le prix de toutes choses. Et comme le travail manuel devait, en définitive, être remplacé par un travail mécanique, il a fallu aussi faire construire en France un grand nombre de dragues et d'appareils élévateurs dont le prix total ne s'est pas élevé à moins de 60 millions.

On comprend encore que l'indemnité de 84 millions payés à la Compagnie par le Gouvernement égyptien sur la sentence arbitrale de l'Empereur, ne représente qu'en partie les nouvelles charges que les modifications apportées aux concessions de 1854 et de 1856 ont fait peser sur la Société. Et il n'en pouvait être autrement; car, ainsi que le fait remarquer l'auguste arbitre, si l'inexécution des conventions ne peut être imputée à la Compagnie, elle ne peut être non plus légitimement reprochée au vice-roi d'Égypte, et dès lors « il serait souverainement injuste que les conséquences fâcheuses d'une résolution prise et suivie de concert fussent entièrement laissées à la charge de l'un des intéressés ».

Les 84 millions supportés par le Gouvernement égyptien ne peuvent donc représenter qu'une partie du dommage fait à la Compagnie de Suez par l'inexécution des conventions, et dès lors il est naturel que celle-ci soit conduite à demander à un emprunt l'autre moitié des ressources nouvelles qui lui sont nécessaires.

Le Sénat, non plus que le Gouvernement, ne peut se donner la mission d'examiner les comptes de la Compagnie. Il doit seulement considérer qu'il s'agit d'une grande entreprise productive, où les résultats acquis sont dus au travail, à l'industrie, à l'activité de ceux qui y prennent part ; heureux contraste avec ces spéculations stériles et désordonnées qui nous ont trop souvent affligés. Le Sénat voudra toutefois se convaincre que les moyens d'exécution sont à la hauteur des travaux qui restent à accomplir. C'est la dernière partie de la tâche de votre rapporteur de faire pénétrer cette conviction dans vos esprits : dans ce but il vous demande la permission de parcourir rapidement avec vous les travaux en cours d'exécution et de prendre connaissance de leur état présent. (Très-bien ! très-bien ! — Mouvement reboublé d'attention.)

Avant d'aborder le canal maritime et les trois ports situés aux extrémités sur le parcours, disons que le canal d'eau douce dérive du Nil au-dessous du Caire, tracé par la vallée latérale qui aboutit au lac Timsah, ainsi que la dérivation de ce même canal jusqu'à Suez ont été exécutés. A Timsah même, une partie de l'eau de la dérivation est reprise par une machine à vapeur et amenée par une conduite, à l'extrémité nord du canal, à Port-Saïd. C'était en effet une première nécessité de l'exécution des travaux. Sur tout le parcours de cette vallée de Suez où s'établit le canal maritime, il n'existait pas une goutte d'eau douce depuis que le canal des Pharaons avait cessé d'en fournir. Les grands lacs n'étaient plus que des dépressions arides et où d'ailleurs l'eau amenée du Nil devenait amère à cause de l'épaisse couche de sel déposée au fond de ces excavations au temps où elles étaient en communication avec la mer Rouge.

Au début des travaux, lorsqu'on se trouvait à la tête d'une véritable armée d'ouvriers égyptiens, il fallait, pour aller chercher l'eau au loin, employer des milliers de chameaux ; et c'est à cette situation qu'on devait se hâter de porter remède non-seulement pour le présent, mais pour l'avenir. Aujourd'hui le canal d'eau douce pourvoit et fertilise non-seulement la vallée latérale de l'Ouady, mais encore les rives du canal maritime, sur lesquelles on verra s'établir une nombreuse population comme il arrive déjà à Port-Saïd, à Ismaïlia, à Suez. Le canal d'eau douce a été utilisé par l'Angleterre dans sa guerre d'Abyssinie pour le transport des matières encombrantes et notamment des fourrages.

Abordons maintenant le canal maritime en nous présentant à son débouché dans la Méditerranée, à l'entrée du lac Menzaleh, bas-fond où se meuvent successivement en sens contraire les eaux du Nil pendant ses crues et les eaux de la Méditerranée dont le lac n'est séparé que par un *lido* de sable de 150 mètres de largeur et de 1 à 2 mètres de hauteur. La mer, quand elle est grosse, déferle quelquefois par-dessus ce *lido*, à partir duquel le rivage sablonneux s'abaisse lentement.

C'est dans ce sable qu'il fallait creuser l'entrée du canal maritime, dans des conditions telles qu'elle fût garantie contre les grosses mers et que celles-ci n'y pussent ramener les sables après qu'un approfondissement de 8 mètres, en rapport avec le tirage des plus grands navires, aurait été obtenu. On est arrivé au résultat désiré au moyen de deux jetées, l'une ouest de 2,500 mètres de longueur et qui se prolonge dans la mer jusqu'au point où la profondeur d'eau, par les mers les plus basses, est naturellement de 9 mètres; l'autre, située à 400 mètres à l'est de la première, de 1,900 mètres de longueur, et se terminant à une profondeur d'eau de 8 mètres. Comme les mauvais temps, et avec eux les grandes vagues, viennent du Nord-Ouest, la jetée ouest, qui en réalité à partir de la côte incline vers le Nord-Est, protége l'entrée non-seulement contre la grosse mer, mais contre le retour des sables. Déjà les passes sont approfondies sur tout leur parcours et jusqu'au bassin de Port-Saïd à une profondeur de 6 mètres. Les jetées elles-mêmes sont construites en blocs de béton artificiel fabriqués sur les chantiers de Port-Saïd.

Mais quel est donc ce nouveau port que nous avons déjà plusieurs fois cité, qui comprend des bassins où pénètrent dès à présent des bâtiments d'un fort tonnage, des terrains où s'élèvent une ville et des chantiers, et où circule une population nombreuse.

Tout cela est l'œuvre de la Compagnie. Les terrains extraits pour l'ouverture et l'approfondissement du *lido*, pour l'ouverture du canal et des bassins à établir à l'entrée du lac Menzaleh, ont servi à former le sol de la nouvelle ville dont les chantiers seront munis de tout ce qui sera nécessaire pour le service des nombreux bâtiments ayant à traverser le canal.

Il nous faut maintenant passer au travers du lac Menzaleh lui-même sur une longueur de 42 kilomètres. L'eau n'est guère profonde que d'un demi-mètre. Au-dessous d'elle se trouve une couche de vase, et la difficulté était, quand on aurait ouvert le chenal, d'empêcher la vase des environs de venir le combler peu à peu. Heureusement cette couche inconsistante n'est guère épaisse: au-dessous d'elle se trouve un terrain argileux et ferme. Il a donc été possible, au moyen des vases elles-mêmes rejetées à droite et à gauche et séchées par le soleil ardent d'Égypte, de former deux larges berges complétées et fortifiées chaque jour par les matériaux qu'y jettent les puissantes dragues travaillant à l'approfondissement du chenal. La traversée du lac Menzaleh est ainsi à l'abri de toute atteinte.

A la sortie de ce lac, depuis Kantara jusqu'au lac Timsah, sur une longueur de 35 kilomètres, il a fallu creuser à sec dans toutes les parties où l'on se trouvait au-dessus du niveau des eaux de la Méditerranée. A mesure toutefois qu'on descendait à ce niveau, l'eau du canal maritime suivait et s'avançait dans les travaux, et à partir de ce moment, l'approfondissement pouvait être continué au moyen de dragues élévateurs, travail moins dispendieux. C'est ainsi qu'on a traversé le seuil d'El-Guisr, élevé de 15 mètres au-dessus du niveau de la mer, et qu'on est arrivé au nord de cette enceinte, qui fut autrefois le lac *Timsah*, lac d'eau douce, sans doute, réduit depuis de longues années à n'être qu'une dépression desséchée dans laquelle à son tour on a jeté l'eau de la Méditerranée.

Quatre mois après, Timsah, complétement rempli, était redevenu un véritable lac, mais cette fois un lac d'eau salée, servant de port à la ville d'Ismaïlia et propre également à rendre de nombreux services à la navigation. Ismaïlia est elle-même entièrement l'œuvre de la Compagnie.

Après avoir traversé le lac Timsah, on rencontre, depuis sa sortie jusqu'à l'entrée des lacs Amers, sur une étendue de 15 kilomètres, un terrain sablonneux et dont le travail à sec eût présenté de sérieuses difficultés. Elles ont été heureusement évitées en utilisant les eaux du canal d'eau douce, qui se trouve sur ce trajet au-dessus du niveau des terrains. On compte que les barrages réservés à l'entrée des lacs Amers pourront être prochainement enlevés, et qu'alors le fleuve d'eau salée dérivé de la Méditerranée, reprenant son cours et se précipitant dans le bassin des lacs, suffirait à les remplir en huit ou dix mois, s'il n'y avait lieu de croire que, avant la fin de ce délai, l'eau de la mer Rouge entrera à son tour par l'extrémité sud.

Il n'y a aucun travail d'approfondissement à exécuter sur la majeure partie du parcours de ce bassin, qui a une profondeur de 10 mètres et plus au-dessous du niveau de la mer. Quelques écueils soulement se rencontrent de distance en distance, à droite et à gauche de la route qu'auront à tenir les bâtiments, et il eût été nécessaire de les enlever si l'on n'avait reconnu qu'ils sont, comme le fond des lacs, composés de sel marin et qu'ils se dissoudront d'eux-mêmes dans l'eau de la mer.

Depuis la sortie des lacs jusqu'aux lagunes de Suez restent 18 kilomètres qui, commencés à sec et poursuivis par des dragages, n'offrent point d'obstacles.

Nous voici parvenus au port de Suez, où la Compagnie a exécuté des travaux analogues à ceux de Port-Saïd.

Il résulte de cet exposé que partout les difficultés sérieuses de l'entreprise ont été surmontées, et qu'il ne reste plus maintenant à exécuter qu'un travail régulier d'approfondissement qui doit nécessairement aboutir si les engins dont on dispose sont assez puissants. Pour nous renseigner à cet égard, consultons les documents mensuels publiés par les ingénieurs de la Compagnie.

Le travail restant à accomplir désormais consiste dans l'achèvement des jetées et dans le creusement du canal jusqu'à 8 mètres de profondeur.

La construction des jetées demandait la confection et la mise en place de 250,000 mètres cubes de blocs artificiels. Au 15 avril, 25,000 mètres fabriqués restaient à poser; 33,000 mètres restaient à fabriquer et à poser. Grâce aux moyens dont on dispose aujourd'hui, le travail sera terminé en 8 mois.

D'un autre côté, le cube des déblais à enlever pour l'exécution de l'ensemble des travaux de toute nature était de 74,112,130 mètres. Les procès-verbaux des travaux certifient qu'au 1er juin 42,290,897 avaient déjà été effectués.

Mais ce n'est pas dans le temps employé à l'exécution de cette première partie des travaux qu'il faut chercher des éléments pour le calcul du temps nécessaire à l'enlèvement des 31,821,233 mètres restants. Aujourd'hui, en effet, de puissantes dragues à long couloir, de nombreux élévateurs et plus de dix mille ouvriers fonctionnent avec une régularité que rien n'interrompt, avec une connaissance plus complète de la nature du travail et des engins employés.

Aussi le rendement mensuel va-t-il sans cesse en augmentant : du 1er mai au 1er juin il s'est élevé à 1,800,000 mètres. En continuant sur ce pied, on verrait au plus tard la fin des travaux en octobre 1869.

Il faut enfin tenir compte du zèle et du dévouement de cette armée de travailleurs, dont l'ardeur s'accroît à mesure qu'elle aperçoit de plus près le but qu'elle veut atteindre. Français pour la plupart, nos compatriotes, à qui leur chef éminent rend ce légitime hommage qu'à l'époque où les difficultés s'accumulaient et pouvaient faire redouter un insuccès, pas un d'eux n'a faibli, soutenus qu'ils étaient par le sentiment du devoir, par leur confiance dans la grandeur de l'œuvre à laquelle ils sont associés et par la conscience qu'eux aussi portent et honorent le drapeau de la France, sur le champ de bataille de la civilisation. (Marques très-vives et prolongées d'approbation.)

Votre commission a l'honneur de vous proposer :

1° De dire qu'il n'y a pas lieu de soumettre la loi à une nouvelle délibération du Corps législatif;

2° De déclarer que le Sénat ne s'oppose pas à sa promulgation.

LOI

QUI AUTORISE LA COMPAGNIE DU CANAL MARITIME DE SUEZ A FAIRE UNE ÉMISSION DE TITRES REMBOURSABLES AVEC LOTS PAR LA VOIE DU SORT.

NAPOLÉON,

Par la grâce de Dieu et la volonté nationale, Empereur des Français,

A tous présents et à venir, salut :

Avons sanctionné et sanctionnons, promulgué et promulguons ce qui suit :

LOI

(Extrait du procès-verbal du Corps législatif.)

Le Corps législatif a adopté le projet de loi dont la teneur suit :

Article unique. — La Compagnie du Canal maritime de Suez est autorisée à faire en France, jusqu'à concurrence de 100 millions de francs, une émission de titres remboursables avec lots par la voie du sort, aux conditions suivantes :

1° L'opération n'entraînera l'aliénation d'aucune portion du capital engagé, et les titres émis jouiront d'un intérêt annuel dont le taux ne pourra être inférieur à 3 0/0 du capital nominal ;

2° La somme totale annuelle des bénéfices aléatoires attribués sous forme de lots ne pourra, en aucun cas, excéder 1 0/0 du capital ;

3° La valeur nominale des titres émis ne pourra

être inférieure à 500 francs. Le fractionnement ultérieur des titres émis est interdit.

Délibéré en séance publique, à Paris, le 16 juin 1868.

Le Président, Schneider; *les Secrétaires*, Bournat, Martel, Mège, marquis de Conegliano.

(Extrait du procès-verbal du Sénat.)

Le Sénat ne s'oppose pas à la promulgation de la loi qui autorise la Compagnie du Canal maritime de Suez à faire une émission de titres remboursables avec lots par la voie du sort.

Délibéré et voté en séance, au palais du Sénat, le 30 juin 1868.

Le Président, Troplong; *les Secrétaires*, Chaix d'Est-Ange, E. de Montque, général de la Rüe.

Vu et scellé du sceau du Sénat :

Le sénateur secrétaire,

CHAIX D'EST-ANGE.

Mandons et ordonnons que les présentes, revêtues du sceau de l'Etat et insérées au *Bulletin des lois*, soient adressées aux Cours, aux tribunaux et aux autorités administratives, pour qu'ils les inscrivent sur leurs registres, les observent et les fassent observer, et notre Ministre de la Justice et des Cultes est chargé d'en surveiller la publication.

Fait au palais des Tuileries, le 4 juillet 1868.

NAPOLÉON.

Vu et scellé du grand sceau :

Le garde des sceaux, ministre de la Justice et des Cultes,

J. BAROCHE.

Par l'Empereur :

Le ministre d'État,

E. ROUHER.

———

COMPAGNIE UNIVERSELLE DU CANAL MARITIME DE SUEZ

OBLIGATIONS AVEC LOTS, AUTORISÉES PAR LA LOI SPÉCIALE DU 4 JUILLET 1868.

Émission de 200,000 Obligations avec lots pour le complément de l'emprunt de cent millions.

En exécution de la décision prise le 1er août 1867, par l'Assemblée générale des actionnaires, autorisant l'émission d'un emprunt de *cent millions*, et en vertu de la loi spéciale du 4 juillet 1868, accordant à la Compagnie le droit de créer des lots jusqu'à concurrence de *un million de francs*, la Compagnie du Canal maritime de Suez continue l'émission du solde de son Emprunt de *cent millions*.

En conséquence, *elle délivre, dès ce jour*, des Obligations jouissant des avantages ci-après :

Elles sont au porteur ou nominatives, et seront cotées à la Bourse ;

Elles produisent un intérêt annuel de *25 francs*, payable par semestre, les 1er avril et 1er octobre de chaque année, sans charge ni retenue;

Elles sont remboursables en 50 années, par *tirages* au sort *trimestriels*, à *500 francs* ou par l'un des lots ci-après :

SAVOIR :

Le 1er numéro sortant sera remboursé par Fr.	150.000
Les 2e et 3e par 25,000 francs	50.000
Les 4e et 5e par 5,000 francs.	10.000
Et les 20 suivants par 2,000 francs . . .	40.000

Ensemble 250,000 francs tous les trois mois.

Soit en *lots : un million* de francs par an.

Le premier tirage aura lieu le 15 septembre prochain.

Le deuxième tirage, le 15 décembre 1868, et ainsi de suite de trois mois en trois mois.

CONDITIONS DE LA SOUSCRIPTION :

Soit 293 fr. 75 c. en un seul paiement,

SAVOIR :

300 francs, prix de l'Obligation, jouissance du 1er juillet 1868.

Sous déduction de 6 fr. 25 c. pour intérêt précompté du 1er juillet au 1er octobre 1868.

NET ÉGAL, 293 fr. 75 c., valeur du 1er octobre 1868.

Soit 300 francs en trois paiements,

SAVOIR :

100 francs en souscrivant.

100 francs du 1er au 10 novembre 1868.

100 francs du 20 au 31 mars 1869.

300 francs, valeur du 1er octobre 1868.

Les Obligations qui seront souscrites en trois termes seront représentées par des Certificats nominatifs, jusqu'à entière libération.

A défaut du versement des termes échus dans les délais fixés, les souscripteurs en retard seront passibles d'un intérêt à 9 0/0 des sommes restées en souffrance, et il sera loisible à l'Administration de frapper le titre de déchéance et de le faire vendre, sans mise en demeure préalable. — Cette vente aura lieu à la Bourse de Paris, par le ministère d'un Agent de change, pour le compte et aux risques et périls du retardataire.

Toute obligation, tant ancienne que nouvelle, qui, au moment des tirages, *sera en retard* d'un ou plusieurs versements, *ne pourra profiter du bénéfice de ces tirages*. En conséquence, dans le cas où le sort la désignerait pour le remboursement, elle n'aura droit qu'à la simple restitution de la somme versée.

ON SOUSCRIT :

A Paris, au siége de la Compagnie, boulevard Haussmann, 18 (Square Clary, 9) ;

A Alexandrie, à l'Agence supérieure de la Compagnie;

En Province et à l'Etranger, chez tous les correspondants de la Compagnie.

La souscription sera close dès que les demandes excéderont le nombre des titres restés disponibles et les *réductions ne porteront que sur celles de la dernière journée*.

N. B. — *Toutes les Obligations souscrites antérieurement et entièrement libérées participeront aux bénéfices résultant des lots*.

Paris, 6 juillet 1868.

CONVENTIONS

CONCLUES ENTRE LE KHÉDIVE D'ÉGYPTE ET LA COMPAGNIE UNIVERSELLE DU CANAL MARITIME DE SUEZ.

Première Convention.

Entre Son Altesse le Khédive d'Égypte,

Et M. Ferdinand de Lesseps, Président-Directeur de la Compagnie universelle du Canal maritime de Suez, agissant au nom et pour compte de ladite Compagnie, en vertu des pleins pouvoirs qui lui sont délégués,

A été convenu ce qui suit :

Art. 1er. — A partir du 1er octobre 1869, les importations que fera la Compagnie pour ses besoins, ainsi que pour ceux de ses entrepreneurs, ouvriers et employés, paieront les mêmes droits que toutes les importations faites en Égypte par tout sujet égyptien. La Compagnie renonce par conséquent aux franchises douanières exprimées dans l'article 13 de l'acte de concession du 5 janvier 1856, telles qu'elles ont été interprétées et réglementées par la décision rendue le 5 mars dernier par la Commission réunie au Caire à cet effet; et sera soumise, en ce qui concerne les douanes ou octrois, à tous les impôts, taxes, ou règlements décrétés ou à décréter par le Gouvernement.

La Compagnie continuera à jouir de la faculté, qu'ont d'ailleurs tous les sujets égyptiens, d'extraire des carrières appartenant au domaine public, sans payer aucun droit, les pierres, la chaux et le plâtre nécessaires à la construction ou à l'entretien des travaux.

Art. 2. — Les barques ou bâtiments de la Compagnie naviguant sur le canal d'eau douce antérieurement rétrocédé au Gouvernement, seront traités comme tous les autres bâtiments ou barques du pays. Ils seront soumis à tous les droits, taxes, impôts ou règlements établis ou à établir. Il est entendu que la Compagnie n'aura à l'avenir à formuler aucune prétention particulière relativement audit canal d'eau douce.

Art. 3. — Du consentement des deux parties, il est entendu que la Compagnie n'a pas d'autre objet que l'exploitation, l'entretien et l'augmentation du Canal maritime. Elle rentre, par conséquent, dans le droit commun et renonce à toute exception, faculté ou privilége spécial. Ainsi le Gouvernement fera désormais exclusivement le service de la Poste et du Télégraphe pour la Compagnie comme pour le public.— La Compagnie conservera toutefois la faculté d'avoir son télégraphe spécial pour ses services des travaux et du transit des navires dans le Canal maritime.

Le droit de pêche dans les eaux du Canal maritime et dans les lacs qu'il traverse appartiendra exclusivement au Gouvernement. Les barques de pêche devront seulement se conformer aux règlements de navigation publiés par la Compagnie dans le Canal maritime.

Elles n'auront à payer à la Compagnie aucune taxe ou redevance pour leur stationnement ou leur navigation, mais elles devront s'abstenir de tout transport de passagers ou de marchandises, excepté du poisson pêché.

Art. 4. — L'usage des terrains dépendant du Canal maritime (soit les 10,214 hectares limités par la convention de février 1866, plus 300 hectares à ajouter à la superficie de Port-Saïd, et 200 hectares à ajouter à la superficie d'Ismaïlia) sera réglé par un arrangement spécial. Toutefois les parties contractantes établissent ici :

1° Que les terrains dont la vente aura été décidée, seront divisés par lots dans les bureaux de vente des différentes villes du Canal;.

2° Que le prix de vente sera partagé entre le Gouvernement et la Compagnie dans la proportion de 50 0/0 du produit net;

3° Que les acquéreurs ne pourront recevoir la délivrance de leurs lots, et être considérés comme propriétaires qu'après avoir reçu les hodjets ou titres de propriété délivrés au Mehkemet, après paiement du prix total de leur achat et sur la présentation de la quittance définitive;

4° Que les acquéreurs des terrains seront placés exactement dans les mêmes conditions que les autres habitants de l'Égypte.

Art. 5. — La Compagnie renonce vis-à-vis du Gouvernement égyptien à toute réclamation ou indemnité quelconque, tant pour son compte que pour celui de ses entrepreneurs pour lesquels elle se porte fort, pour tous faits ou prétendus préjudices antérieurs à la date de la présente convention.

Art. 6. — Les avantages résultant pour le Gouvernement des articles précédents sont évalués d'un commun accord à une somme de vingt millions de francs.

Art. 7. — La Compagnie cède au Gouvernement pour une somme de dix millions de francs :

1° Tous les hôpitaux construits dans l'isthme, avec leur matériel;

2° Toutes les maisons et constructions appartenant à la Compagnie, à Ras-El-Ech, au kilomètre 34, à Kantara, au lac Ballah, à Ferdane, à El-Guisr, au Chantier 6, à Gebel-Mariam, à Toussoum, au Serapeum, à Geneffé, à Chalouf, au kilomètre 81 de la plaine de Suez;

3° La carrière et le port du Mex avec le matériel d'exploitation;

4° Les magasins et établissements de Boulac et de Damiette.

Art. 8. — La Compagnie s'engage à livrer au Gouvernement les immeubles qui font l'objet de la présente cession, libres de tout litige ou location.

Art. 9. — Dans les constructions cédées ci-dessus au Gouvernement, dans l'isthme, par la Compagnie, celle-ci pourra occuper les logements nécessaires à ses services d'exploitation. L'inventaire en sera dressé, d'accord avec le Gouvernement, par l'Agent supérieur de la Compagnie. La Compagnie paiera annuellement au Gouvernement, une somme égale à 5 0/0 de la valeur desdites constructions, sur l'estimation faite d'un commun accord, ainsi que cela a été fait pour les constructions du canal d'eau douce. Quand le besoin qui les aura fait occuper aura cessé, la Compagnie les rendra au Gouvernement dans le même état où elle en aura pris livraison.

Art. 10. — Le paiement des trente millions de francs stipulés dans les articles 6 et 7, s'effectuera par le Gouvernement à la Compagnie du Canal de Suez par la remise immédiate d'autant de coupons d'intérêts d'actions de ladite Compagnie qu'il en faudra pour acquitter cette somme, en capital et intérêts, à raison de 10 0/0 l'an, et détachés des 176,602 actions de la Compagnie du Canal de Suez dont le Gouvernement est propriétaire.

Les coupons à remettre seront ceux qui commenceront à échoir le 1er janvier 1870.

Moyennant cet abandon des coupons, ainsi qu'il vient d'être exprimé, le Président-Directeur donne dès à présent, au nom de la Compagnie, bonne et valable quittance au Khédive de ladite somme de trente millions de francs.

Fait double au Caire, le 23 avril 1869.

Signé : Ismaïl.

Signé : Ferdinand de Lesseps.

Deuxième Convention.

Entre Son Altesse Ismaïl-Pacha, Khédive d'Égypte,

Et M. Ferdinand de Lesseps, Président-Directeur de la Compagnie du Canal maritime de Suez, agissant au nom et pour le compte de ladite Compagnie, en vertu des pleins pouvoirs qui lui sont délégués;

A été convenu ce qui suit :

Art. 1er. — Pourront être mis en vente les terrains à bâtir réservés à la Compagnie universelle le long du Canal maritime par la convention de février 1866, propres à la construction des villes, stations et établissements privés, et autres que ceux qui seront jugés nécessaires à l'exploitation du Canal maritime.

A ces terrains seront adjoints trois cents hectares à Port-Saïd, et deux cents hectares à Ismaïlia, qui seront déterminés par le Gouvernement, de manière à ne porter aucun préjudice aux nécessités de la défense et du service militaire.

Lesdites ventes seront autorisées dès que les négociations pendantes avec les puissances auront déterminé le mode de juridiction à établir en Égypte entre étrangers et indigènes.

Art. 2. — Ces terrains réunis formeront un fonds commun et seront successivement mis en vente, en raison des demandes et des besoins des populations.

Art. 3. — Les produits nets de ces ventes seront également partagés entre le Khédive et la Compagnie, comme il sera dit ci-après.

Art. 4. — La distribution des terrains et leur répartition pour la mise en vente devront être préalablement soumises à l'approbation du Khédive.

Art. 5. — A cet effet, une Commission composée de deux membres choisis par le Khédive et deux membres par la Compagnie, sera déléguée pour déterminer, arrêter, limiter sur les divers points les plus susceptibles d'agglomération d'habitants les lots qui seront mis en vente dans l'intérêt commun.

Le travail de cette Commission sera soumis à l'approbation du Khédive.

Art. 6. — La Commission dont il est question dans l'article précédent, sera également chargée de l'administration des terrains, de la mise en vente, des adjudications, des recouvrements, de la comptabilité et généralement de tout ce qui concerne la conduite de ces terrains.

Toutes les décisions de ladite Commission devront être prises au moins par deux de ses membres, à savoir par un de ceux choisis par le Khédive et un de ceux choisis par la Compagnie.

Art. 7. — Conformément aux dispositions de la convention du 22 février 1866, prohibant dans l'isthme tout établissement colonial d'une nationalité quelconque, les ventes ne pourront être qu'individuelles et destinées exclusivement à des établissements privés. Le maximum pour une famille en est fixé à un hectare pour constructions et à un hectare pour jardin, s'il y a lieu. Dans les villes, le maximum reste fixé à un hectare pour les deux destinations.

Art. 8. — Les ventes s'effectueront soit de gré à gré, soit par voie d'adjudication publique au comptant ou à des termes convenus entre l'acheteur et la Commission ; toutes les fois qu'il y aura concurrence d'offres pour un même terrain, la mise en adjudication sera obligatoire.

Le mode d'adjudication sera déterminé par un

règlement d'administration publique déterminé par le Khédive.

Dans le cas de vente à terme, la Commission de vente fera les réserves nécessaires pour conserver au Gouvernement et à la Compagnie, jusqu'à complet paiement, leur privilége de vendeurs tant sur le terrain que sur les constructions.

Art. 9. — Tous les frais et dépenses auxquels donneront lieu la création et le fonctionnement de la Commission seront avancés par la Compagnie; avant tout partage, le montant de ces avances sera prélevé et versé dans la caisse de la Compagnie.

Art. 10.— Tous les six mois un état de situation de la caisse, des sommes dues et du mouvement des ventes sera dressé par la Commission et transmis au Gouvernement comme à la Compagnie.

Art. 11. — Après approbation de cet état par le Gouvernement et la Compagnie, les sommes qu'il laissera disponibles seront versées, moitié au Trésor égyptien, et moitié dans la caisse de la Compagnie.

Fait double au Caire, le 23 avril 1869.

Signé : Ismaïl.

Signé : Ferdinand de Lesseps.

ARTICLE ADDITIONNEL.

Il est entendu que les terrains que la Compagnie est autorisée à vendre, conformément aux dispositions de la présente convention, doivent embrasser successivement tous ceux qui sont susceptibles de devenir des centres de population. En conséquence, partout où, d'un bout à l'autre du Canal maritime, pourra s'établir un centre de population, les terrains dont la Compagnie a la jouissance et les terrains appartenant au Gouvernement seront mis en commun et vendus au bénéfice commun.

ASSEMBLÉE GÉNÉRALE DU 2 AOUT 1869.

(*Extrait du Rapport de M. le Président.*)

(J'appellerai votre attention sur les avantages de ces deux conventions, principalement sur l'avantage qui résultera pour nous de la nouvelle concession que nous a faite le Vice-Roi lors de son dernier voyage à Paris.)

Le Khédive d'Égypte, convaincu de la grandeur de l'œuvre du Canal et des immenses avantages qui doivent en résulter pour son pays, avait le désir de contribuer, autant qu'il pouvait dépendre de lui, à la prospérité de la Compagnie.

Les stipulations que nous vous soumettons, en même temps qu'elles donnent satisfaction à l'autorité territoriale et qu'elles fortifient notre situation financière, ne nous enlèvent aucun des éléments utiles à la bonne marche de notre exploitation.

. . . .

Avant de vous entretenir du mode de réalisation des 30 millions de francs qui entrent dans notre actif en exécution de la première convention du 23 avril dernier, nous avons à vous soumettre la seconde convention passée le même jour, relativement à l'usage des terrains dépendant du Canal maritime.

Le 26 juillet 1864, la sentence arbitrale de l'Empereur, après avoir réglé l'indemnité due par le Gouvernement égyptien à la Compagnie, pour la rétrocession du canal d'eau douce, déterminait la quantité des terrains dépendant du Canal maritime, dont la jouissance devait lui être attribuée, et limitait cette jouissance en ces termes : « Il ne doit rien être alloué au delà de ce qui est nécessaire pour pourvoir amplement aux divers services qui viennent d'être indiqués. La Compagnie ne peut avoir la prétention d'obtenir dans des vues de spéculation une étendue quelconque de terrains, soit pour les livrer à la culture, soit pour y élever des constructions, soit pour les céder lorsque la population aura augmenté. »

Sous ces réserves, les terrains du Canal maritime étaient fixés à 10,214 hectares.

Par la convention conclue entre le Gouvernement égyptien et la Compagnie, le 30 janvier 1866, cet état de choses fut amélioré. Voici comment s'exprimait l'article 3 de cette convention :

« Dans l'intérêt du commerce, de l'industrie et de la prospère exploitation du Canal, tout particulier aura la faculté, moyennant l'autorisation préalable du Gouvernement, et en se soumettant aux règlements administratifs ou municipaux de l'autorité locale, ainsi qu'aux lois, usages et impôts du pays, de s'établir, soit le long du Canal maritime, soit dans les villes élevées sur son parcours, réserve faite des francs-bords, berges et chemins de halage, ces derniers devant rester ouverts à la circulation sous l'empire des règlements qui en détermineront l'usage.

» Ces établissements ne pourront, du reste, avoir lieu que sur les emplacements que les ingénieurs de la Compagnie reconnaîtront n'être pas nécessaires au service de l'exploitation et *à charge, par les bénéficiaires, de rembourser à la Compagnie les sommes dépensées par elle pour la création et l'appropriation desdits emplacements.* »

Cet article assurait, on le voit, à la Compagnie, le remboursement des sommes qu'elle avait dépensées pour la création et l'appropriation des terrains dont elle jouissait. Nos ingénieurs avaient évalué ces dépenses à un minimum de 100 millions.

Telle était la situation de la Compagnie et l'état de la question des terrains au moment où a été émis l'emprunt de 100 millions que vous avez voté dans votre séance du 8 juin 1867.

Votre Conseil d'administration ne regardait pas, toutefois, ce premier résultat comme satisfaisant pour les intérêts de la Compagnie, ni pour les intérêts du Trésor égyptien. Il ne lui semblait pas naturel que nos travaux profitassent, sans compensation suffisante pour vous, à ceux qui n'avaient participé ni aux peines, ni aux frais, ni aux risques. Nous représentâmes au Khédive que nos terrains, ajoutés aux siens avaient une valeur très-considérable, que leur vente devait être une source de bénéfices pour les actionnaires et pour l'Égypte elle-même si, au lieu de les abandonner au premier occupant, moyennant le simple remboursement des dépenses faites, on mettait en communauté les terrains à bâtir dans l'isthme de Suez, le long du Canal maritime, pour les aliéner successivement et partager, par moitié, les produits de cette aliénation entre la Compagnie et le Trésor égyptien. Ces considérations, accueillies déjà, il y a deux ans, avec bienveillance par Son Altesse, ont donné lieu à la seconde convention du 23 avril.

La Compagnie est autorisée à mettre en vente les terrains à bâtir dans les villes et établissements qui lui sont assignés. Son Altesse adjoint, dès à présent, 300 hectares de plus à Port-Saïd et 200 à Ismaïlia. Ces terrains, réunis, formeront un fonds commun, seront successivement mis en vente et les produits nets seront également partagés entre le Khédive et la Compagnie.

Ces conditions nous donnaient déjà la libre disposition des 10,000 hectares de terrains dont nous n'avions que la jouissance, sauf à partager le produit des ventes avec le Trésor égyptien. C'était là une valeur d'un haut prix dont s'enrichissaient l'actif et l'avenir financier de la Compagnie. Son Altesse le Khédive est allé plus loin dans sa bienveillance.

Son Altesse a voulu compléter la dotation territoriale de la Compagnie par l'article additionnel dont vous avez entendu la lecture.

En vertu de cet article, à mesure que des centres de population viendront à se former sur les terrains situés d'un bout à l'autre du Canal maritime, les terrains de la Compagnie et ceux du domaine public devront être mis en commun et vendus au bénéfice commun, c'est-à-dire à partage égal du produit entre le Trésor égyptien et la Compagnie.

Nous n'avons pas besoin de faire ressortir devant vous les avantages qui résultent, pour l'une et l'autre partie, de cette mise en communauté des terrains placés le long du Canal où passera le commerce des deux mondes.

Lorsque le duc d'Albuféra et votre Président ont remercié le Khédive de ce qu'il avait fait pour l'heureux achèvement et la prospérité de notre entreprise, il nous a répondu que nous n'avions pas de remerciments à lui adresser, qu'en travaillant pour le Canal il travaillait pour l'Égypte et pour lui-même, qu'il n'avait rien tant à cœur que d'assurer le succès d'une œuvre aussi grande, et qu'il était heureux d'en donner de nouveau le témoignage aux actionnaires auxquels il était si intimement associé. (Applaudissements et acclamations.)

Il nous a ensuite fait observer qu'en nous donnant les moyens de réunir de nombreuses populations européennes dans cet isthme, qui deviendra un rendez-vous universel, il devait désirer, en même temps, l'organisation d'une juridiction qui n'avait pu être ni prévue ni réglée par les anciennes capitulations et dont l'absence rendait précaires, et sans garanties mutuelles, les transactions entre le Gouvernement, les indigènes et les étrangers. Il nous a annoncé que les négociations entamées, l'année dernière, à ce sujet, avaient amené un résultat important. Il a été reconnu que l'état de choses actuel n'était plus au niveau du mouvement de l'émigration européenne en Égypte. — Des commissaires vont être nommés par les divers Gouvernements pour délibérer sur les projets présentés par le Khédive.

Son Altesse espère arriver prochainement au but que doivent se proposer toutes les personnes intéressées à l'accroissement des relations de l'Europe avec l'Orient. (Nouveaux et bruyants applaudissements.)

Il est certain que la Compagnie, pour éviter des difficultés ou des envahissements contre lesquels elle pourrait être impuissante, dans l'état actuel, a tout intérêt à seconder de ses efforts l'établissement d'une juridiction offrant des garanties dans les constatations de propriété territoriale entre des Sociétés égyptiennes ou des particuliers indigènes et des étrangers. (Approbation.)

Nous vous entretiendrons encore de cette question dans une autre partie de notre rapport.

Revenons à la première convention du 23 avril, en ce qui concerne le mode de paiement des 30 millions de francs stipulés dans les articles 6 et 7.

Il est dit dans l'article 10 que ce paiement s'effectuera par la remise immédiate d'autant de coupons d'actions de la Compagnie qu'il en faudra pour acquitter cette somme en capital et intérêts à raison de 10 0/0 l'an, et détachés des 176,602 Actions dont le Gouvernement égyptien est le propriétaire.

Il restait à limiter le temps pendant lequel les coupons des Actions égyptiennes devaient se trouver engagés.

Le 26 juin 1869, nous adressâmes la lettre suivante à S. Exc. Nubar Pacha :

« J'ai l'honneur de vous informer que, pour l'exécution de la convention du 23 avril, relative au paiement des 30 millions dus à la Compagnie et conformément aux intentions du Khédive, nous avons cru devoir nous arrêter à la création de 120,000 titres qui seraient émis à 270 francs, et remboursables à 500 francs en 25 années et remboursables sur les produits réalisés des coupons de Son Altesse.

» Au moyen de cette émission de titres, le paiement de la somme de 30 millions de francs, stipulée dans l'article 10 de ladite convention, se trouve effectué par un forfait, en fixant, dès à présent, la limite du remboursement à 25 années pendant lesquelles les prêteurs de la somme due à la Compagnie auront la jouissance des intérêts et dividendes affectés aux coupons représentant les 176,602 Actions du Gouvernement égyptien. Les 50 premiers coupons, à partir du 1er janvier 1870, seront détachés des Actions, déposés dans les caisses de la Compagnie et annulés.

Votre Excellence remarquera que 120,000 titres à 270 francs produiront 32,400,000 francs, mais l'excédant des 30 millions représente :

1° Un semestre d'intérêts payable le 1er janvier 1870, soit........................ Fr. 1,500,000

2° Les frais de négociation et de publicité de l'opération.................. 900,000

» Je prie Votre Excellence de soumettre notre projet à Son Altesse et de vouloir bien me faire connaître son approbation.

» Agréez, etc.

Signé : FERDINAND DE LESSEPS. »

Voici la réponse du ministre de Son Altesse, en date du 16 juillet 1869 :

« Monsieur le Président,

» J'ai communiqué à Son Altesse le Khédive la lettre que vous m'avez adressée le 26 juin 1869.

» Son Altesse m'a autorisé à vous répondre qu'Elle approuve le forfait que vous proposez pour l'exécution du contrat du 23 avril dernier. En conséquence, Son Altesse va donner l'ordre de détacher cinquante coupons de chacune des 176,602 Actions du Canal maritime de Suez appartenant au Gouvernement égyptien, et de les remettre aux mains de la Compagnie.

» Moyennant cette remise de coupons, la Compagnie reconnaît que le Gouvernement égyptien est complétement libéré du paiement des sommes, intérêts et capital, dues en vertu de la convention du 23 avril dernier, et déclare Son Altesse dégagée de toute garantie et de toute responsabilité à l'égard des suites de cette opération.

» Veuillez agréer, etc.

Signé : N. Nubar. »

(Applaudissements prolongés.)

En vertu de l'acquiescement du Khédive au projet du Conseil d'administration, nous vous proposons de réaliser la somme de 30 millions en émettant, le 11 de ce mois, 120,000 titres de délégation de coupons au moyen d'une souscription qui sera exclusivement réservée aux actionnaires à cause des avantages qu'elle présente. (Nouveaux et longs applaudissements.)

. . . .

DOMAINE.

Nous nous sommes maintenus en 1868, pour cette branche de notre exploitation, dans le programme qui vous a été soumis l'année dernière en ces termes :

« Le Conseil d'administration a décidé, quant à présent, que les aliénations de terrains seraient tout à fait exceptionnelles, en faveur seulement des Sociétés de navigation ou des Administrations maritimes qui ont besoin d'avoir des dépôts de charbon. D'un autre côté, comme il ne nous convient plus de faire des avances de fonds pour les constructions de nos villes, nous consentons à céder temporairement des terrains pour les besoins de nos approvisionnements ou pour des établissements qui contribuent à la prospérité de notre entreprise, soit pendant la durée des travaux, soit pendant l'exploitation. Les occupants des terrains cédés, dans ces conditions, à Port-Saïd, s'engagent à nous payer, pendant un temps limité au maximum de 10 ans, une redevance annuelle de 3 francs par mètre, et à nous restituer terrains et constructions, sans aucune espèce d'indemnité, à l'expiration de leur contrat. »

Et nous ajoutions :

« Nous sommes dès à présent certains de rentrer successivement dans toutes nos dépenses de création et d'appropriation des terrains de l'isthme, y compris les intérêts. Quant aux sommes très-importantes dont la Compagnie pourra bénéficier en commun avec le Vice-Roi, lorsque notre projet de convention sera réalisé, nous pouvons nous en rapporter à la parole de Son Altesse, dont l'opinion est appuyée sur l'intérêt de l'Egypte. »

Vous savez maintenant, Messieurs, de quelle manière le Khédive a tenu sa promesse.

Le Trésor égyptien et la Compagnie recueilleront certainement des produits considérables de la vente successive des terrains de l'isthme. Il serait difficile aujourd'hui d'en apprécier toute l'importance; mais on peut prévoir que pour le moins le Gouvernement égyptien et la Compagnie rentreront, de ce chef, dans toutes les dépenses qui ont été faites non-seulement pour l'appropriation des terrains, mais encore pour toute la construction du Canal maritime. (Très-bien! Très-bien!)

RÉSOLUTION.

« L'Assemblée approuve les conventions conclues avec le Khédive d'Egypte les 23 avril et 14 juillet 1869, ainsi que l'acte additionnel à ces conventions, dont il vient d'être donné lecture.

» L'Assemblée approuve également la combinaison proposée dans le rapport présenté par le Président de la Compagnie, au nom du Conseil d'administration, pour la réalisation des 30 millions stipulés dans lesdites conventions. »

RÉSOLUTION.

« L'Assemblée décide :

» L'article 47 des statuts, ainsi conçu :

» Art. 47. — Les convocations ordinaires et

extraordinaires sont faites par un avis publié deux mois avant l'époque de la réunion, dans les formes prescrites pour les appels de fonds par l'article 9 des statuts, »

» Est modifié de la manière suivante :

» Art. 47. — Les convocations ordinaires et extraordinaires sont faites par un avis publié un mois avant l'époque de la réunion. »

Adopté à l'unanimité.

COMPAGNIE UNIVERSELLE DU CANAL MARITIME DE SUEZ.

ÉMISSION

de 120,000 Délégations de Coupons d'Actions

DE LA COMPAGNIE UNIVERSELLE DU CANAL MARITIME DE SUEZ,

Créées en représentation de 8,830,100 coupons détachés des 176,602 actions appartenant au Gouvernement égyptien, et dont la Compagnie est cessionnaire pendant vingt-cinq ans.

Souscription entièrement réservée aux actionnaires.

EXPOSÉ.

Par Conventions en date des 23 avril et 14 juillet 1869, le Gouvernement égyptien ayant fait remise à la Compagnie universelle du Canal maritime de Suez des Coupons de 25 années afférents aux 176.602 Actions qu'il possède dans ladite Compagnie, pour se libérer vis-à-vis d'elle de la somme de trente millions de francs, formant le prix de diverses cessions, le Conseil d'administration a proposé à l'Assemblée générale des actionnaires du 2 août 1859, qui l'a approuvé, de réaliser ladite somme par la création de 120,000 Délégations de Coupons qui seront, pendant 25 ans, substituées purement et simplement, quant à la jouissance et à la perception des revenus, aux droits desdites 176,602 Actions.

En exécution de ces Conventions, le Gouvernement égyptien a effectué, entre les mains et dans les caisses de la Compagnie, le dépôt de 50 Coupons semestriels de ses Actions échéant du 1er janvier 1870 (inclus) au 1er juillet 1894 (également inclus), soit ensemble 8,830,100 Coupons.

MODE DE RÉALISATION.

En conséquence,

Il est créé *120,000 Délégations de Coupons.*

Ces Titres sont émis à *270 francs.*

Ils sont *au porteur* et *pourront être cotés à la Bourse de Paris.*

Ils donnent droit, *pendant 25 ans,* aux *Revenus* acquis à ces *176,602 Actions*, soit aux 2/5mes environ du produit du Canal.

Les produits réalisés seront répartis comme suit, savoir :

1° Sous le titre d'*Intérêts,* jusqu'à concurrence de *25 francs par chaque Délégation*;

2° Sous le titre d'*Amortissement,* au moyen d'un *remboursement à 500 francs par Titre* calculé conformément aux usages;

3° Sous le titre de *Répartition complémentaire* ou dividende par le paiement de tout le surplus du revenu acquis aux 176,602 Actions.

Ces distributions de produits auront lieu, *par semestre,* les *1er janvier* et *1er juillet* de chaque année, par les soins et dans les bureaux de la Compagnie universelle du Canal maritime de Suez.

Au fur et à mesure des amortissements, *il sera remis,* en échange des Titres remboursés, de *nouveaux Titres de jouissance* qui profiteront, jusqu'à l'expiration des 25 années (1er juillet 1894), de la répartition complémentaire énoncée au paragraphe 3 ci-dessus.

Les numéros des Titres désignés par le sort pour être remboursés, seront publiés dans deux journaux de Paris, avec l'indication du jour de remboursement.

Ces Titres, étant la représentation d'une négociation particulière qui a pour objet l'acquisition à forfait du revenu des Coupons des 176,602 Actions du Gouvernement égyptien pendant les 25 années, à courir du 1er juillet 1869 au 30 juin 1894, ne confèrent pas le droit d'assister aux Assemblées générales de la Compagnie universelle du Canal maritime de Suez.

Les chiffres des répartitions à faire entre les 120,000 Titres de délégation résulteront donc des produits arrêtés et votés par les Assemblées générales des actionnaires de la Compagnie universelle du Canal maritime de Suez, au profit des 400,000 Actions qui représentent le capital social et dont font partie les 176,602 Actions du Gouvernement égyptien, sous déduction, toutefois, des frais afférents tout spécialement aux 120,000 Délégations, tels que impôts de timbre et de transmission et frais de distribution des produits réalisés.

Les porteurs des Délégations se trouveront, par le seul fait de leur possession, entièrement substitués à la Compagnie universelle du Canal maritime de Suez, dans les effets de la cession des Coupons consentie directement à son profit, aux termes des Conventions précitées des 23 avril et 14 juillet 1869.

CONDITIONS GÉNÉRALES DE LA SOUSCRIPTION.

En exécution de la décision prise, le 2 août 1869, par l'Assemblée générale, *il est ouvert une Souscription pour le Placement de ces 120,000 Délégations.*

Cette Souscription est *entièrement réservée* aux actionnaires.

Le prix de chaque Titre, fixé à *270 francs*, est payé ainsi qu'il suit, savoir :

100 francs en souscrivant,

Et *170 francs* du 1er au 5 novembre 1869.

Ces titres sont émis, jouissance du 1er juillet 1869, et recevront, le 1er janvier 1870, un coupon d'intérêt de *12 fr. 50* compris pour cette fois dans le capital d'émission :

Ce Coupon sera reçu en déduction du versement de novembre.

A défaut du versement du terme de novembre, les Souscriptions en retard seront passibles de l'intérêt à 9 0/0 par an, à partir du 1er novembre.

En outre, trois mois après l'échéance, la Compagnie pourra faire vendre d'office et aux risques et périls des Souscripteurs, les Délégations non libérées, sans qu'il soit besoin de mise en demeure préalable.

Les actionnaires, *ayant un privilége exclusif de Souscription, ont droit*, sur le dépôt de leurs Actions,

Savoir :

1° *Sans déduction* : à *une Delégation* pour *deux Actions*, et ainsi de suite sans fractionnement ;

2° *Avec réduction* : à la Souscription des Délégations restant libres après l'exercice du droit ci-dessus. — La liste des Souscriptions réductibles sera close dès que le nombre des Délégations ainsi souscrites aura atteint le chiffre de 120,000. — Ces Souscriptions seront réduites, s'il y a lieu, au prorata des demandes et les Titres seront répartis sans fractionnement.

Les Actions seront frappées d'une ou de deux estampilles, suivant qu'elles auront usé de l'un ou des deux droits ci-dessus énoncés.

La Souscription aux Délégations irréductibles sera ouverte les 11, 12 et 13 août, de 10 heures du matin à 4 heures du soir.

La Souscription aux Délégations réductibles sera ouverte à partir du 11 août, à 10 heures du matin, et sera close dès que le chiffre de 120,000 sera atteint.

On reçoit les Souscriptions, savoir :

1° *Les Souscriptions irréductibles :*

A Paris, au domicile administratif de la Compagnie, boulevard Haussmann, 54 *bis* (Square Clary);

Dans les départements et à l'étranger, chez les correspondants de la Compagnie;

2° *Les Souscriptions réductibles :*

A Paris, seulement, au domicile administratif de la Compagnie, boulevard Haussmann, 54 *bis* (Square Clary).

LES SOUSCRIPTIONS NE SERONT PAS ADMISES PAR LETTRES.

Paris, le 2 août 1869.

ASSEMBLÉE GÉNÉRALE DES ACTIONNAIRES

SÉANCE DU 20 JUILLET 1871.

(*Extrait du Rapport de M. le Président.*)

SERVICE DU DOMAINE.

A l'époque de notre dernière réunion, nous exploitions notre Domaine primitif de 10,214 hectares en louant les terrains et les bâtiments élevés sur ces terrains, mais nous vous faisions connaître que la convention passée avec le Khédive, le 23 avril 1869, pour «partager le produit des terrains à bâtir » le long du Canal maritime, sans aucune limite, » nous paraissait devoir entrer prochainement dans son plein effet.

Nous attendions avec confiance le moment où Son Altesse jugerait opportun de consacrer la mise en commun des terrains de l'Isthme.

Le 23 mai, la dépêche télégraphique suivante nous parvenait d'Alexandrie :

« Les négociations entamées par le Khédive pour la réforme judiciaire en Égypte ayant abouti à une heureuse solution, Son Altesse vient d'ordonner la mise en commun et d'autoriser la vente des terrains dépendant du Canal maritime de Suéz. »

Et, en effet, le Gouvernement de Son Altesse et la Compagnie procédèrent à l'organisation d'une Commission spéciale chargée d'agir, en Égypte, au nom des parties contractantes en vue d'une exploitation du Domaine commun.

L'étendue de ce Domaine était parfaitement définie par l'article additionnel suivant de la convention :

« Il est entendu que les terrains que la Compa-
» gnie est autorisée à vendre, conformément aux
» dispositions de la présente convention, doivent
» embrasser successivement tous ceux qui sont
» susceptibles de devenir des centres de population.
» En conséquence, partout où, d'un bout à l'autre
» du Canal maritime, pourra s'établir un centre de
» population, les terrains dont la Compagnie a la
» jouissance et les terrains appartenant au Gouver-
» nement seront mis en commun et vendus au bé-
» néfice commun. »

Dès le mois de juillet, l'exploitation du Domaine commun était suffisamment organisée pour accueillir les demandes d'achat de terrains. Ces demandes furent nombreuses ; elles étaient de deux sortes : 1° habitants de l'Isthme, commerçants et industriels, demandant un terrain ; 2° concessionnaires occupant déjà un terrain en vertu de concessions temporaires demandant à devenir propriétaires définitifs.

En principe, nous avions taxé les diverses parties de terrains à vendre à des prix au-dessous desquels nous ne pensions pas devoir aliéner la propriété commune ; mais nous avions admis temporairement et par exception la possibilité, pour les anciens occupants, de devenir propriétaires définitifs de leurs terrains en jouissant de certaines réductions sur les prix taxés en principe.

La guerre est venue suspendre totalement toutes les négociations entamées et ce n'est qu'en mai 1871 que la situation politique générale a permis un retour de confiance en l'avenir.

Notre exploitation du Domaine commun a donc inauguré, en mai, l'application des conventions passées avec le Gouvernement de Son. Altesse.

Pendant ce premier mois d'exploitation, dix-neuf ventes ont été faites au prix moyen de 57 fr. 71 c. le mètre carré de superficie.

Ces ventes ont produit une somme brute de........................Fr. 164.766 63

Nous avons également vendu, aux acheteurs de ces lots, les bâtiments qui existaient sur les terrains ainsi aliénés. Cette vente de bâtiments a produit, pendant ce mois, une somme de 30,027 fr. 35 c.

Les ventes de terrains ainsi inaugurées et dont les prix sont, le plus souvent, le résultat d'adjudications publiques, nous assurent la confirmation des espérances que nous avons fondées sur leur valeur.

Nous vous rappelons que pour donner aux Compagnies de navigation toutes les facilités désirables, et en attendant que la mise en commun des terrains nous eût mis en droit de les aliéner, nous avions mis à la disposition desdites Compagnies, avec promesse de vente, des terrains à Port-Saïd.

Nous avons ainsi disposé d'environ 50,000 mètres qui, taxés d'avance à 50 francs le mètre, nous produiront 2,500,000 francs.

Nous sommes également en négociation avec le Gouvernement anglais pour une cession de 600,000 francs de terrains.

Depuis l'inauguration du Canal maritime jusqu'au

31 mai, la location des terrains a produit une somme de......................Fr. 164.270 80

La location des bâtiments nous a procuré...................... 243.959 12

Diverses recettes extraordinaires du service du Domaine ont donné........ 2.103 95

Total des produits du Domaine particulier de la Compagnie..........Fr. 410.333 87

ASSEMBLÉE GÉNÉRALE DES ACTIONNAIRES

Séance du 24 août 1871.

PREMIÈRE RÉSOLUTION.

Les Actions égyptiennes ne pouvant pas être représentées aux Assemblées générales pendant tout le temps qu'elles sont privées de leurs coupons, et d'un autre côté les délégations des coupons ne pouvant pas non plus y être admises ;

L'Assemblée décide qu'il y aura lieu, à l'avenir, d'adopter le vingtième ou le dixième des Actions nécessaires pour valider les Assemblées générales, en prenant pour base 223,398 Actions au lieu de la base de 400,000 Actions exigées par les articles 44 et 67 des Statuts.

DEUXIÈME RÉSOLUTION.

L'Assemblée décide :

Le nombre des Administrateurs indiqué par l'article 25 des Statuts est réduit à vingt et un.

Les paragraphes 3 et 5 de l'article 63 des Statuts, attribuant 3 0/0 aux Administrateurs, 70 0/0 aux Actions, sont modifiés de la manière suivante :

§ 3. 2 0/0 aux Administrateurs.

§ 5. 71 0/0 comme dividende à répartir entre toutes les Actions amorties ou non amorties indistinctement.

TROISIÈME RÉSOLUTION.

Tous les pouvoirs sont donnés au Conseil d'administration pour contracter un emprunt de vingt millions de francs.

Le Conseil est chargé de déterminer l'époque, le mode, les garanties et les conditions de cette opération.

COMPAGNIE UNIVERSELLE DU CANAL MARITIME DE SUEZ

ÉMISSION

De 200,000 Bons Trentenaires

AU PRIX DE 100 FRANCS, RAPPORTANT 8 0/0 L'AN

REMBOURSABLES A 125.

Les versements sont reçus :

Soit en Coupons d'Obligations de la Compagnie;
Soit en Obligations sorties;
Soit en Espèces.

La Compagnie universelle du Canal maritime de Suez, conformément au vote de l'Assemblée générale des Actionnaires en date du 24 août courant, *émet 200,000 Bons trentenaires*, formant un emprunt de *20 millions de francs.*

Ces Bons sont émis au prix de *cent francs* chacun.

Ils donnent un intérêt de 8 0/0, soit 8 francs par an, payables en deux semestres, les 1er mars et 1er septembre de chaque année. (Le premier paiement sera effectué le 1er mars 1872.)

Les Bons sont remboursables à 125 francs en 30 ans, par voie de tirage au sort annuel.

Le premier tirage aura lieu le 1er août 1873, et le premier remboursement le 1er septembre suivant, et ainsi de suite d'année en année.

Les Bons sont au porteur ou nominatifs.

Ils seront négociables à la Bourse dès que les formalités d'usage seront remplies.

CONDITIONS DE LA SOUSCRIPTION.

Les versements auront lieu comme suit :

75 francs en souscrivant.

25 » du 1er au 15 mars 1872, sous déduction toutefois du coupon de 4 francs échu à cette époque sur les Bons.

100 francs.

MODE DE PAIEMENT.

Les versements, au choix des Souscripteurs, pourront se réaliser soit en espèces, soit en valeurs désignées ci-après :

La Compagnie recevra comme espèces :

1° *Les Obligations sorties* aux quatre derniers tirages qui ont eu lieu les 15 septembre et 15 décembre 1870, 15 mars et 15 juin 1871 ;

2° *Les Coupons d'Obligations* de la Compagnie échus le 1er octobre 1870 et le 1er avril 1871, et ceux à échoir le 1er octobre 1871 et le 1er avril 1872. Les coupons de cette dernière échéance ne seront acceptés pour le premier versement qu'autant qu'ils accompagneront les trois coupons antérieurs.

A toute époque, les Souscripteurs auront la faculté de se libérer par anticipation, soit en *espèces*, avec bonification de 5 0/0 l'an, soit en coupons, au pair.

En cas de retard, l'intérêt sera dû à partir du premier jour du versement, à raison de 9 0/0 l'an.

Trois mois après l'échéance du dernier terme, la Compagnie pourra faire vendre d'office, et aux risques et périls des Souscripteurs, *les Bons non libérés*, sans qu'il soit besoin de mise en demeure préalable.

ON PEUT SOUSCRIRE PAR CORRESPONDANCE.

La Souscription sera ouverte le samedi 9 et fermée le lundi 18 septembre inclusivement, les deux dimanches compris :

A PARIS, au Siége administratif, rue Clary, 9. (Boulevard Haussmann, 54 *bis*.)

EN PROVINCE ET A L'ÉTRANGER, chez les Correspondants de la Compagnie.

Le relevé des demandes sera fait par journée, sans réduction aucune, tant que la Souscription n'aura pas été remplie.

Le jour où le chiffre des demandes dépassera celui des Titres restés disponibles, la Souscription sera close et les demandes de cette journée seront réduites proportionnellement.

Les demandes adressées avant le 9 septembre seront comprises dans les souscriptions de la première journée.

Paris, le 30 août 1871.

CIRCULAIRE AUX CORRESPONDANTS

DE LA COMPAGNIE

(Extrait.)

Émission des Bons trentenaires.

Depuis la clôture de la souscription publique aux *Bons trentenaires*, les souscriptions particulières ont toujours continué et ne cessent de se produire chaque jour dans une proportion satisfaisante.

Il sera utile de faire remarquer aux obligataires qu'ils pourront jouir d'un intérêt annuel de 8 0/0 en échangeant leurs Coupons et Titres sortis aux tirages contre nos *Bons trentenaires* émis à 100 francs et remboursables à 125 francs.

En ce qui concerne les Bons trentenaires, le Conseil d'administration s'est préoccupé des différences que les paiements successifs de coupons introduisent dans les conditions primitivement faites aux obligataires souscripteurs :

Lors de l'émission de ces Bons, au mois de septembre, la Compagnie recevait comme espèces quatre coupons :

Les deux coupons échus en octobre 1870 et en avril 1871 ;

Les amortissements correspondants ;

Et les deux coupons à échoir le 1er octobre 1871 et le 1er avril 1872.

De ces deux premiers coupons, l'un est payé,

l'autre le sera dans deux mois; les obligataires qui souscrivent maintenant des Bons trentenaires, au moyen de trois coupons, n'en disposeront plus que de deux dans peu de semaines.

Aussi le Conseil a-t-il décidé que le coupon à échoir le 1er octobre 1872 serait admis comme versement des souscriptions aux *Bons trentenaires.*

Vous voudrez bien faire ressortir aux yeux des obligataires qui vous consulteraient à cet égard, l'avantage résultant pour eux de cette nouvelle facilité.

En conséquence, vous continuerez, jusqu'à nouvel avis, à recevoir les souscriptions aux Bons trentenaires :

1° En espèces; 2° en Obligations sorties aux tirages; 3° en coupons d'Obligations échues les 1er avril et octobre 1871, et à échoir les 1er avril et octobre 1872.

Les coupons d'avril et d'octobre 1872 ne seront acceptés qu'autant qu'ils accompagneront les coupons antérieurs.

Veuillez agréer, Monsieur, l'assurance de ma considération la plus distinguée.

Le Président-Directeur,

Signé : FERD. DE LESSEPS.

BONS TRENTENAIRES

AVIS

La Compagnie du Canal de Suez ne délivre plus de Bons trentenaires, l'émission de 20 millions de francs ayant été arrêtée au chiffre de 12 millions, actuellement souscrit et reconnu suffisant.

(*Extrait du* BULLETIN DÉCADAIRE. — 12 mars 1872.)

TABLE DES MATIÈRES

A

B

C

IMP. CENT. DES CHEMINS DE FER. — A. CHAIX ET Cie, RUE BERGÈRE, 20, PARIS. — 20432-2

www.ingramcontent.com/pod-product-compliance
Ingram Content Group UK Ltd.
Pitfield, Milton Keynes, MK11 3LW, UK
UKHW012019240726
13965UKWH00002B/469